Mes points sur les *i*

Michel Rocard

Mes points sur les *i*

Propos sur la présidentielle et la crise

Préface de François Hollande

Odile Jacob

15, rue Soufflot, 75005 Paris

www.odilejacob.fr

ISBN 978-2-7381-2757-0

Préface

C'est une fresque de notre temps et de ses changements que dresse ici Michel Rocard. C'est aussi une vision de ce que l'Occident et plus largement le monde sont en train de devenir. Une vision aussi de ce qu'il faut craindre parfois, de ce qu'il faut espérer souvent.

Ce livre est celui d'un homme qui, à travers son expérience, ses voyages, ses passions, cherche à chaque instant à nous aider à mieux comprendre les changements qui nous entourent, le cours des choses, ses paradoxes et ses catastrophes. Car Michel Rocard a le souci du monde et c'est cela qui tresse la trame de ce grand livre d'analyse et de propositions. Nous vivons dans une ère où la pensée se doit de saisir cette complexité et de la replacer dans son contexte ; le risque serait que le fracas du court terme nous fasse oublier que les mouvements sont lents, que la tectonique des plaques l'emporte souvent sur l'agitation.

Ainsi Michel Rocard remet-il utilement en perspective à travers cet ouvrage la crise plurielle que nous traversons depuis 2008. Crise financière, économique, écologique, sociale, politique, crise totale du capitalisme financier dont l'Occident a fait progressivement le choix durant les dernières décennies.

Ce système que nous avons collectivement bâti a conduit certes à financer des développements multiples et à alimenter une certaine forme de mondialisation mais il a surtout accru les inégalités économiques et sociales (Michel Rocard rappelle avec force que plus du tiers des populations de nos sociétés vit dans la précarité ou la pauvreté), à favoriser les plus nomades et les plus opportunistes tout en fragilisant les États. Cette mondialisation financière a accru la richesse mondiale en la concentrant, minant la vitalité de nos démocraties et le contrat social sur lequel nous nous sommes construits. L'apathie politique qui en résulte et que décrit parfaitement Michel Rocard, c'est le fruit de ces choix tacites, progressifs, de l'absence de vision de beaucoup d'entre nous et du cynisme de quelques-uns.

Le plus frappant dans cette fresque contemporaine est de mesurer combien l'auteur se refuse au pessimisme ou à une quelconque fatalité. Cet exercice est en effet non seulement un travail d'analyse mais aussi de volonté. Car tout cela au final est bien politique. Et c'est la grande leçon du temps présent. La crise financière, la crise européenne sont avant tout des crises politiques ou des crises de la politique au travers desquelles se joue la volonté de nos nations de trouver une solution commune au-delà des intérêts particuliers.

Or faire de la politique, c'est bien avoir une vision du monde qui implique de le comprendre, de le connaître, mais aussi de forger à son contact des convictions fortes. C'est aussi choisir, décider, mettre en œuvre. C'est au final cette passion politique que nous livre ici Michel Rocard en cherchant à décrypter notre modernité et l'action qui peut s'y conduire.

Je ne suis pas d'accord sur tout de ce qui est écrit dans les pages qui suivent. La confiance de Michel Rocard dans le modèle énergétique des Trente Glorieuses n'est pas la mienne. Nous avons une industrie nucléaire remarquable et je veux la conforter ; pour autant, dans le contexte de la transition énergétique qui s'annonce à nous (pic pétrolier, pic gazier, etc.), nous devons progressivement réduire notre dépendance. Je veux que les énergies renouvelables prennent une place croissante.

De même sur la réduction du temps de travail. Je ne crois pas qu'il puisse s'agir là d'une option réaliste pour notre pays dans le cadre d'une compétition mondiale accrue. Réserver une place croissante au non-marchand est en effet un horizon souhaitable et il faudra sur ce sujet installer un débat de fond dans les prochaines années. Mais la France que je veux est une France qui ne s'offre pas à la mondialisation mais qui incarne un modèle industriel et commercial que je veux restaurer. Une France qui ne doit pas se replier sur elle-même mais défendre ses chances, sa compétitivité, dans un monde ouvert. C'est là le seul moyen de continuer à financer notre modèle social auquel je suis profondément attaché. Michel Rocard en a été le premier promoteur.

Malgré ces différences, je tenais à préfacer ce livre. D'abord parce que la tradition intellectuelle dans laquelle je m'inscris est celle du dialogue, du *dissensus*, du débat qui éclaire.

Malgré ces nuances, ce livre s'inscrit dans une démarche de partage.

Beaucoup des problèmes ici évoqués sont connus depuis des décennies. Pourquoi n'ont-ils pas été réglés ? Parce que tout n'est pas rationnel, qu'un pays n'est pas une mécanique. Et que souvent nous souhaitons les réformes jusqu'au jour où elles s'incarnent et affectent notre quotidien. Et pourtant, un pays avance par ces changements progressifs, davantage que par des mouvements brutaux.

L'heure est venue de tenter de changer la donne car la crise que nous vivons ne permettra pas de poursuivre comme nous l'avons fait jusque-là. La France est aujourd'hui surendettée. Elle a offert un modèle social à crédit. Et ce sont nos enfants qui devront inéluctablement en payer la facture. Depuis dix ans, la France a décroché, en termes de formation et d'éducation, en termes de commerce extérieur et d'emplois industriels. Les services publics sont par comparaison encore de bonne qualité mais rognés de plus en plus par les restrictions budgétaires, qu'il s'agisse de l'hôpital ou des transports. Si nous continuons sur cette trajectoire, la France ne sera plus maîtresse de son destin. La crise que nous subissons n'explique pas tout. Certains de nos voisins l'ont en effet mieux traversée que nous.

Les Français n'ont pas pour autant choisi de devenir l'Allemagne ou les États-Unis.

Aussi, ce dont notre pays a besoin, c'est d'un nouveau départ qui suppose de le redresser, de lui redonner sa souveraineté par un effort juste, de redonner à chaque Français les moyens de son autonomie, de choisir son avenir. Ce changement ne doit pas signifier le retour à un état antérieur. Il doit aussi s'accompagner de changements de paradigmes, de recomposition d'équilibres nouveaux entre le travail et le capital, entre l'État et le marché, dans la manière de gouverner. Cela implique un État et des services publics plus économes mais aussi plus ambitieux (à cet égard l'analyse d'une réforme sans dépense développée par Michel Rocard est éclairante), une Europe plus forte que ces dernières années car c'est aujourd'hui face à la Chine, aux États-Unis et aux grands émergents que nous livrons la bataille, et la France seule ne peut le faire. C'est cette nouvelle grammaire du monde que cet ouvrage nous aide à comprendre.

Ce mouvement exige de restaurer la confiance des Français en eux-mêmes, en un État qui doit être juste dans la définition de la règle et ferme dans son application, en une Europe qui doit offrir des projets et des disciplines.

C'est à cette condition qu'un nouvel horizon pourra être dessiné.

Plus que jamais aujourd'hui gouverner sera choisir, définir un cap, redonner à chacun une visibilité, clarifier les responsabilités.

C'est dans ce sillon que je m'inscris. C'est dans ce sillon que notre avenir s'écrira. Michel Rocard l'a creusé depuis longtemps.

François HOLLANDE

Introduction

Le monde va mal.

La France ne va guère mieux.

Le réchauffement climatique, la prolifération des armes de destruction massive (AMD), la pollution des eaux et de l'alimentation s'ajoutent à des crises financières répétées ainsi qu'à des difficultés économiques considérables. Les pays émergents ne quittent la pauvreté que pour découvrir la brutalité du capitalisme. Tous les pays développés ont perdu le secret de la croissance. Depuis vingt ans, ils voient le quart de leur population adulte végéter entre la précarité, le chômage et la pauvreté.

La France est, elle aussi, au cœur de ces tempêtes. Elle y ajoute ses propres difficultés : un déficit budgétaire gigantesque, un désastre humain dans ses banlieues, une protection sociale menacée, un système scolaire affaibli ou encore un ascenseur social à l'arrêt. Ces menaces se conjuguent les unes aux autres et plongent les Français dans l'inquiétude.

Les Français ont peur.

Ils le disent, ils le manifestent et ils le crient. Leurs craintes ont, bien sûr, pour origine des peurs particulières d'ordre écologique, de violence civile ou encore financier. Mais leur principale angoisse vient de l'incertitude où ils se trouvent. Ils n'identifient pas clairement ce qui est vraiment dangereux. Ils ignorent si les menaces proviennent de l'intérieur du pays ou de l'étranger, de l'activité humaine ou de la nature. Ils ne savent pas si leurs gouvernements comprennent ces menaces et savent les affronter.

La météo passe à l'orage

Et voilà qu'au mois de décembre, au moment où l'on prépare les fêtes et où votre serviteur s'attaque à l'introduction de ce livre presque terminé, la météorologie financière se détériore, le temps passe à l'orage. Nous avons vécu, cette fin de printemps 2011, cet été et cet automne avec l'impression forte que « la crise » avait changé de nature. Les entreprises européennes affichent des performances convenables. Les banques privées ont recommencé à faire du profit. Drames et menaces sont passés du privé au public. Le gros risque omnicommenté est celui d'un défaut de paiement des États dont la monnaie est l'euro, la Grèce d'abord, peut-être aussi le Portugal, l'Espagne ou l'Italie, avec la France à peine cachée derrière.

Nos dirigeants politiques s'acharnent à négocier entre eux de nouvelles dispositions contractuelles pour donner enfin à l'euro les moyens juridiques de se gérer comme une monnaie vraiment unique, vraiment commune et pratiquant une solidarité sans faille avec tous les territoires et toutes les populations qui bénéficient de ses services et devraient donc être sous sa protection.

Une esquisse de ce traité a été adoptée. Les Britanniques n'en veulent pas et s'en vont, ce qui a au moins l'avantage d'enlever un blocage permanent à tout progrès dans le sens de l'intégration financière et donc politique. Il reste de lourds conflits de doctrine, mais la porte est enfin ouverte vers une issue positive.

On ne sait pas si le traité pourra être écrit puis ratifié. Et pas davantage s'il sera suffisant. L'impression était, tout de même, que ces travaux avaient contribué à calmer l'anxiété des marchés, temporairement. Au moins n'y a-t-il pas encore eu de crise par défaut de paiement d'une dette souveraine, ce dont chacun sait que cela pourrait être un détonateur pour l'explosion des diverses bulles spéculatives qui sont repérables aujourd'hui.

Mais voici un petit florilège de quelques nouvelles de ces quinze derniers jours. En octobre, la production industrielle indienne s'est inscrite en baisse de 5,1 % sur un an. En Chine, les ventes vers l'Allemagne et l'Italie s'effondrent, la production industrielle a décéléré de 12 % en novembre, chiffre jamais vu depuis 2009. Un officiel a déclaré s'attendre à ce que les prix de l'immobilier baissent de 40 % dans l'année qui vient. Au Brésil, l'activité économique a reculé de 0,3 % en octobre, pour le troisième mois d'affilée. Le président de la Banque centrale européenne (BCE), Mario Draghi, a déclaré inévitable une « contraction des économies de la zone euro ». Le gouverneur de la Banque d'Angleterre s'attend à une « récession plus grave qu'en 1930 ». Je n'ai jamais encore lu d'analyses synthétiques regroupant toutes ces nouvelles pour aboutir à une prévision globale pour 2012…

Mais, visiblement, « on y est ». Une grande récession s'annonce, qui cette fois ne pourra guère être contrecarrée par l'intervention de la garantie publique.

Atmosphère lourde pour une campagne bien légère

C'est dans ce lourd contexte que se prépare la neuvième élection au suffrage universel direct du président de la République française.

Comme d'habitude, nous aurons le choix entre près d'une vingtaine de candidats. Presque tous savent fort bien qu'ils n'ont aucune chance d'être élus. Grâce à un véritable détournement de procédure, plusieurs d'entre eux vont à la candidature, au mieux pour soutenir une idée, au pire pour faire parler d'eux. De plus, notre système médiatique n'est plus capable de consacrer le temps nécessaire ni aux problèmes complexes ni aux difficultés de long terme. Enfin, les performances des élus sortants réduisent l'intérêt qu'on peut accorder à leurs promesses et à leurs programmes.

Le risque est grand d'assister à une campagne caractérisée par une profonde vacuité intellectuelle. Le risque est tout aussi important de voir se déployer des comportements électoraux centrés sur le charisme, les anecdotes et la vie privée, au détriment des choix stratégiques.

Cette situation n'est pas tout à fait une première. D'autres temps ont été témoins d'une inadéquation entre, d'une part, les termes de la campagne et, d'autre part, la crainte, la peur et l'angoisse des Français devant une situation qu'ils savent grave. Une telle campagne ne serait pas neuve mais elle constituerait une aggravation. Elle porterait un nouveau coup au moral des Français : ils risquent, encore une fois, d'avoir l'impression de voir passer des trains sans avoir la moindre possibilité d'y monter.

Honorer l'intelligence des électeurs, c'est possible !

Une campagne marquée par la vacuité est aujourd'hui la plus probable. Nul en France n'a de peine à l'imaginer. On l'a déjà connue. C'est précisément ce risque qui me conduit à formuler quelques réflexions pour la campagne électorale présidentielle qui s'engage.

La situation présente est d'abord perçue comme incompréhensible, mystérieuse et insondable. Parmi toutes les menaces évoquées, on ignore quelles sont les plus urgentes à traiter. On est bien en peine pour identifier les risques les plus graves. Dans ces conditions, personne ne dispose de critères lui permettant de se fier à tel programme plutôt qu'à tel autre.

Au milieu de cette crise aux multiples aspects, émerge une conviction : il y aura une prime électorale substantielle à celui qui, individu, candidat, parti ou coalition, expliquera clairement ce qui se passe. Celui qui saura mettre en évidence les causes, les aspects et les remèdes de cette « polycrise[1] », bénéficiera d'un avantage conséquent dans la bataille qui s'annonce.

D'innombrables expériences montrent que c'est possible. Rappelons-nous le succès de la campagne européenne de 2004. Chacun se souvient des conditions de ce triomphe historique : il avait été l'œuvre d'un Parti socialiste rassemblé, clair dans ses messages et honnête dans ses explications. Le « c'est possible » signifie que le Parti socialiste est en situation de faire une campagne dont le principe est de solliciter et

1. Comme je la nomme dans le présent essai (reprenant ici une trouvaille sémantique d'Edgar Morin).

d'honorer l'intelligence des électeurs. Ne sous-estimons jamais le peuple dans sa capacité à interroger, écouter et comprendre. C'est même une observation souvent faite, précisée, commentée et, à l'occasion, mesurée, qu'il y a une intelligence profonde dans le peuple assemblé.

À jouer sur cette corde, on donnera de la dignité à la campagne et du bonheur civique aux électeurs.

Trois conditions pour conjurer la vacuité des débats électoraux

Pour que ce dialogue intelligent avec les électeurs s'engage et se développe, plusieurs conditions doivent être remplies.

Première condition, les citoyens doivent pouvoir se procurer les matériaux nécessaires à la compréhension des enjeux. Il s'agit là, à titre principal, des informations, des données et des statistiques permettant de construire une vision claire et cohérente du temps long. Le temps court n'offre jamais que l'agitation de personnalités et d'ambitions. La télévision sait très bien les mettre en scène. En revanche, pour savoir si oui ou non nous sommes en crise du capitalisme – au sens de crise générale du système annonçant sa fin programmée, ce que j'ai tendance à croire –, on ne peut faire autrement que de procéder à l'analyse par tranches d'un demi-siècle.

Indépendamment de la durée, il est aussi des phénomènes importants à propos desquels il faut disposer rapidement d'informations parfois complexes si on veut juger correctement de leurs enjeux. Or le système médiatique contemporain a jugé commercialement efficace d'abolir la complexité. Un micro-trottoir recueille plus d'audience qu'une expertise. Malheureux peuple condamné à l'ignorance…

Pour comprendre une crise financière, pour expliquer comment fonctionne la balance des paiements, pour examiner les dangers et les conditions d'emploi du nucléaire civil ou encore pour saisir les enjeux du réchauffement climatique, il est crucial de pouvoir rappeler faits et données essentielles. Or tout cela est tout à fait possible à condition de le vouloir vraiment et donc d'y mettre une énergie considérable.

La deuxième condition pour enrichir le dialogue entre le peuple et les candidats est de constituer un argumentaire de campagne synthétique. Celui-ci doit clairement inscrire l'enjeu de la bataille électorale dans la vision séculaire de la saga social-démocrate. Il doit se placer dans la perspective d'une société où le talent – et non plus l'argent – est le facteur majeur du destin des hommes. Le présent essai voudrait contribuer à l'esquisse de cet indispensable instrument de campagne.

La troisième condition pour mettre les citoyens de plain-pied avec les enjeux de l'élection présidentielle est de placer l'écrit au cœur de la campagne. L'intérêt des lecteurs, faute duquel aucun débat de campagne ne s'ouvre, peut être aiguillonné. Il s'agit, certes, de rappeler une vision longue ou de détailler une complexité oubliée. Mais il s'agit surtout de décrire, en peu de mots, un changement majeur intervenu grâce à la ténacité d'une politique suivie durant vingt-cinq ans. Cette description est porteuse d'un effet saisissant. Le lecteur trouvera quelques exemples de ce procédé dans les pages qui viennent, qu'il s'agisse de la régulation mondiale ou de la place du travail dans la vie des hommes.

C'est donc une stratégie de communication très précise qu'il faut articuler. Il convient d'y intégrer les événements à fabriquer autour des plus notables des propositions innovantes.

D'abord comprendre

Je ne crois pas possible de comprendre quoi que ce soit à la crise du capitalisme actuellement en cours si on n'a pas à l'esprit les conditions de sa naissance et les modalités de son fonctionnement. Avant d'entreprendre ce rappel, il est sans doute nécessaire de préciser l'enchevêtrement des menaces ou des crises qui nous frappent actuellement, peut-être pour la première fois dans l'histoire, toutes ensemble.

Il résulte de cette situation que la campagne ne saurait se concentrer sur des prévisions et des programmes. Les prévisions parce qu'elles sont beaucoup trop aléatoires devant un avenir aussi lourdement incertain. Les programmes, tout simplement parce que tout commandant de navire dans la tempête doit d'abord éviter les catastrophes et ensuite seulement tenir sa route, puis enfin faire nettoyer le navire et l'entretenir. La question est donc prioritairement celle des moyens de défense. Dans une crise à dominante économique et financière, l'essentiel est de comprendre les dangers réels et leur ordre de priorité de définir les réponses ou les protections possibles par leur nature, leur ampleur et leur cible, ainsi que les forces grâce auxquelles peut s'esquisser progressivement une société stabilisée et resserrée. Le cœur de la campagne ne peut être que là.

Or la situation que nous affrontons est bel et bien – économie, finances et écologie mélangées – une crise profonde du capitalisme. Peut-être n'est-elle pas fatale. Peut-être n'est-elle pas « ultime ». Mais, à coup sûr, elle est globale et très sérieuse.

Pourtant, on n'apprend pas au collège ni au lycée, et guère davantage à l'université, hors quelques petites sections spécialisées, comment marche notre machine économique si complexe, qui fut un temps si merveilleuse. Il m'a donc semblé nécessaire, après un chapitre introductif qui fait l'inventaire des multiples menaces venant de toutes parts qui nous frappent (chapitre 1), de proposer au lecteur un détour d'histoire économique pour rappeler comment, depuis la naissance du capitalisme, on a découvert successivement son efficacité, sa cruauté sociale relativement limitée aujourd'hui, puis son instabilité (chapitre 2), pour comprendre ensuite comment se sont développées les crises financières et économiques en cours, c'est-à-dire maîtriser quelque peu le contexte dans lequel il va être nécessaire d'agir pour s'en défendre (chapitre 3).

On pourra dès lors revenir en France (chapitre 4). Mais, avant d'aborder des problèmes d'avenir, il m'a semblé utile de réfléchir sur les difficultés propres à la France. Son histoire et sa nature d'État ultracentralisé y rendent décisions et réformes plus difficiles qu'ailleurs. Encore faut-il, pour éviter que ces difficultés ne provoquent des blocages, les évaluer, les mesurer et savoir comment les prendre.

Ce n'est qu'ensuite qu'il sera pertinent d'évoquer les armes, les forces et les outils permettant de ramener la France vers l'harmonie et la sérénité : la finance (chapitre 5), l'énergie (chapitre 6), comment réformer sans dépenser (chapitre 7), enfin la place du travail (chapitre 8). Ces approches des prochains conflits permettant alors d'évoquer les traits nouveaux de la société qui vient (chapitre 9).

Devant ce redoutable cumul d'imprévisibilité, de conflits et de drames, la seule certitude aujourd'hui évidente est que l'élection se gagnera sur la clarté et la force des convictions. Mais celles-ci ne seront crédibles que si elles sont étayées par la pertinence des analyses, la rigueur des principes permanents et la force des armes et des outils.

On comprendra dès lors que j'ai fait pour ce livre le choix de ne traiter que de ce qui, par la menace externe comme par l'action interne, détermine l'équilibre global du pays dans les temps qui viennent : survivance à la crise financière, taux de croissance, niveau du chômage, qualité de la cohésion sociale.

L'énorme reste, l'essentiel de l'action publique ordinaire, tout ce qui au demeurant fait ou ne fait pas la popularité d'un président ou d'un gouvernement, ne sera pas abordé ici simplement parce que la manière de l'aborder dépend du rythme de croissance, de la plus ou moins grande gravité des tensions sociales et de la dynamique générale de la société. Les traitements de l'école, des universités, de la justice, de la pénitentiaire, de la santé, du logement, et de bien d'autres problèmes, et même de l'agriculture, dépendent de manière évidente des ressources du pays, donc de sa croissance et de son dynamisme. Ils n'agissent guère dessus sinon à très long terme. Or dans la crise générale qui se déroule le danger proche c'est la récession longue et l'implosion du système financier conduisant au chaos social. Éviter cela suppose de savoir éviter ou dévier le choc des tsunamis financiers, et, en naviguant dans la tempête, de préserver l'essentiel de ce qui porte l'avenir, un peu de croissance, la réduction massive de la précarité et du chômage, et l'esquisse d'une société plus humaine et plus harmonieuse, moins compétitive et plus coopérative.

Pour des raisons un peu analogues, je présente ici le premier de mes travaux de quelque volume où il n'est guère question de l'Europe. Pourtant, les convictions qui ont fait de moi un fédéraliste européen depuis plus d'un demi-siècle demeurent. Je crois toujours aussi essentiel qu'émerge dans la première moitié du XXIe siècle une entité européenne forte, respectée, parlant d'une seule voix, et capable de décider vite aussi bien en matière diplomatique ou militaire qu'en matière financière, économique ou sociale.

Pourquoi ? Parce que dès 2040 ou le milieu du siècle, la dominance dans le monde sera devenue asiatique. Produisant plus de la moitié du PIB mondial, contrôlant plus de la moitié de son commerce. Chine, Inde, Indonésie, Japon, Taiwan et quelques autres seront ensemble dominants à l'OMC, dominants à l'ONU, incontournables au FMI, acteurs majeurs à la Banque mondiale, et la Chine avec son milliard et demi d'habitants sera le leader de ce bloc, ce qu'en fait elle est déjà. Il faudra partager les influences, contrôler les mouvements trop rapides d'argent, de matières ou d'hommes, se concéder mutuellement des ralentissements, des protections contre les menaces trop fortes sur les entreprises et les emplois.

Cette confrontation-négociation pour les places de chacun sur la planète opposera les Occidentaux à des pays et à des peuples qu'ils ont au cours de l'histoire méprisés, colonisés, dans le cas de la Chine poussés à fumer de l'opium pour s'abrutir eux-mêmes tout en nous enrichissant. Cela laisse des souvenirs. En outre peu de ces pays sont démocratiques, et tous ont l'emploi de la force pour défendre leurs intérêts dans leurs traditions. Qui peut s'imaginer que ces affrontements Occident-Asie auront la sérénité, l'ambition purement négociatrice et le respect mutuel auxquels nous nous sommes mutuellement habitués dans les relations interoccidentales ? Que pèsent spécifiquement et distinctement pour la Chine vingt-sept États séparés incapables d'une volonté commune. La France, l'Angleterre ou l'Italie sont chacune aux limites du marginalisme pour la Chine.

Je ne sais pas, là-dessus, penser en Britannique. Je ne comprends pas comment on peut penser que la posture sera meilleure pour un pays isolé de 60 millions d'habitants que pour une coalition de 540. Le bulldozer asiatique de ce siècle n'a que faire de ces États symboliques d'un long passé mais petits et sans puissance.

Faire naître la force commune du demi-milliard d'hommes d'Europe qui restent les plus éduqués du monde et figurent parmi les riches comme parmi les créateurs de savoirs est une affaire sérieuse, en fait la seule sérieuse.

Nous devons beaucoup au Royaume-Uni en matière de démocratie comme de résistance au nazisme et j'adore personnellement ce pays que je connais bien. Je pense aujourd'hui qu'il se suicide. Son arrogante culture patriotique est devenue xénophobe et l'englue dans un rêve de non-dépendance qui est en fait le choix de la solitude et de l'impuissance.

Mais c'est lui qui vient de quitter de sa propre décision le processus d'intégration européenne engagé pour défendre la zone euro. C'est son affaire. Mais ce beau et vieux pays est celui qui dès son entrée dans la Communauté économique européenne en 1970 s'est juré d'empêcher qu'elle devienne une entité politique réelle. Voilà très exactement quarante ans qu'il a interdit tout pas en avant dans l'intégration européenne et presque aussi longtemps qu'il ose mettre son veto à l'arrivée à la présidence de la Commission de toute personne ayant une vraie force de caractère. Il impose Santer contre Dehaene ou Barroso contre Juncker. C'est lui encore, quand il a bien fallu que l'Europe s'occupe aussi de politique étrangère, de défense et de justice, qui exigea le maintien de l'unanimité, c'est-à-dire de la paralysie sur tous ces sujets.

Le résultat c'est que l'Europe a quasi disparu de la scène internationale depuis l'arrivée de la crise financière actuelle. Aucune parole audible du président du Conseil, de celui de la Commission ou de la « ministre des Affaires étrangères ». Aucune proposition de la Commission sur ces sujets, aucun fonctionnement délibératif normal du Conseil ni du Parlement. On a un peu vite appelé Europe le ralliement factuel des chefs de gouvernement à des propositions de Nicolas Sarkozy acceptées par Angela Merkel mais dans des conditions totalement étrangères aux procédures prévues.

Il n'y a donc plus d'Europe. Elle est dispersée et parfois contradictoire aux réunions du G20. Le succès de celles-ci ne peut se faire que par l'accord de quelques pays d'Europe avec de grands pays émergents d'autres continents.

Le pronostic est simple et immédiat : dans la crise économique et financière majeure où nous sommes et qui nous tient encore pour des années, il n'est pas « espérable » de voir l'Europe retrouver convergence et *leadership*. Les décisions seront prises par des coalitions disparates et multicontinentales mais l'Europe y restera divisée.

L'Union européenne n'est donc, hélas, pas un acteur majeur pour la sortie de crise. Ce livre traite de la sortie de crise, donc pas de l'Europe.

Pourtant cela ne veut en rien dire que l'Europe soit morte ou ait disparu. La crise des dettes souveraines à l'intérieur de la zone euro pouvait avoir la puissance d'emporter l'euro. Mais les choses vont actuellement beaucoup mieux qu'il y a six mois. La dette grecque était négligeable (2 % du PIB de l'Union) et ne faisait crise que pour des raisons de procédure. Le labeur que se sont infligé commissaires et ministres européens n'est pas encore conclu, mais il a visiblement suffi à calmer les marchés. Lesdits marchés, d'ailleurs, savent bien et montrent que le danger réel pour l'humanité c'est l'éclatement du système financier par l'aggravation des déséquilibres énormes qu'il recèle et que pour faire face à cela on pourrait bien avoir besoin d'un euro puissant... Bref, les tensions se sont déplacées pour le soulagement de l'Europe.

Les conclusions sont simples. Une crise de dettes souveraines dans la zone euro pouvait et peut encore faire exploser et disparaître l'euro lui-même. Dans ce qui serait un drame affreux l'Europe elle-même se détruirait. Et l'Union n'a pas aujourd'hui la force et les moyens politiques de se défendre elle-même.

Mais si l'évolution actuelle continue, il est possible que la zone euro ne soit pas le détonateur de la crise générale. Il est donc tout à fait possible que l'euro survive. Il jouerait dès lors un rôle clé dans le traitement même des déséquilibres financiers mondiaux et l'émergence d'un nouveau système monétaire international.

Si tel est le cas, c'est dès le retour d'une relative stabilité économique et financière que l'Europe retrouvera l'occasion de solidifier enfin cet ensemble qui dans l'hypothèse où nous sommes aurait joué un rôle éminent dans la restructuration de la finance mondiale.

Il sera temps alors de préparer la phase suivante, la confrontation Occident-Asie dans laquelle l'euro est absolument nécessaire. Le besoin en sera fortement ressenti. Si ce scénario s'amorce, on peut être optimiste, et voir renaître la référence à une Europe vraiment puissante parce que vraiment intégrée. La condition bien sûr, c'est de n'y faire à aucun prix revenir le Royaume-Uni.

Bref, l'Europe reste aussi nécessaire que jamais à la préservation de notre avenir. Mais son affaiblissement actuel ouvre la possibilité de son éclatement en même temps qu'il interdit de considérer l'Europe comme un outil de traitement de la situation actuelle.

Voilà pourquoi il n'en est point question dans ce livre.

CHAPITRE 1

Une campagne tranquille dans un monde en drame ?

De la crise à la « polycrise »

La crise.

Ce mot nous accompagne quotidiennement.

Les journalistes, les responsables politiques, les économistes, les cadres financiers, les dirigeants syndicaux et même les chefs religieux l'emploient constamment. Pourtant, c'est un terme inadéquat. Il n'est pas adapté à la situation actuelle. Et ce, pour au moins deux raisons.

On emploie le mot de « crise » au singulier alors que notre monde est sous le coup de menaces multiples. Certaines d'entre elles découlent d'évolutions longues qui annoncent des ruptures graves. Pour l'essentiel, ces menaces sont indépendantes les unes des autres. Devant chacun de ces dangers pris isolément, les opinions s'inquiètent. Elles demandent des solutions rapides.

Les spécialistes répondent savamment que toute action préventive ou curative exige du temps et de la continuité. Ils indiquent ce qu'on pourrait faire. Ils rassurent ainsi l'opinion et ménagent aux acteurs le temps nécessaire pour agir efficacement. Mais il n'existe pas de spécialistes de l'ensemble des crises actuelles. Chaque expert maîtrise son sujet et peut faire connaître les exigences du temps long. Mais, placé devant les autres drames, l'expert lui-même en est réduit à la condition de citoyen de base, de téléspectateur ordinaire et de lecteur de journaux. Chaque spécialiste est ainsi conduit à partager les ignorances et les impatiences générales.

Le traitement démocratique de ces crises n'est possible que si on parvient à hausser le niveau de savoir de l'opinion tout entière. C'est ma démarche. Dès le commencement, je souhaite souligner que l'emploi du mot « crise » au singulier est notre premier ennemi. Il fait obstacle à la maîtrise de la complexité. Il entrave le traitement des multiples crises qui nous frappent toutes à la fois. Il convient de le dire bien haut, à l'orée de la campagne présidentielle : le monde n'est pas hanté par « la crise », il est menacé par des difficultés multiples, diverses et protéiformes. Il est plongé dans une « polycrise[1] ».

Une deuxième raison m'incite à la prudence quand j'entends le mot « crise ». Le terme est emprunté aux médecins par les économistes et par les politologues. Originellement, « la crise » est un mot de l'ordre médical. Ses autres acceptions lui sont venues par extension ou par analogie. *Le Petit Larousse* le rappelle à ceux d'entre nous qui l'oublieraient : la crise est « le moment d'une maladie caractérisé par un changement subit, généralement décisif, en bien ou en mal ». Bref, la crise est le moment fort de la maladie. Après elle, on meurt ou on guérit. La crise est une situation momentanée et anormale

1. Selon le terme forgé par Edgar Morin.

par rapport à l'état considéré comme normal, autrement dit la santé. Qui emploie le mot « crise » pense que le retour à la santé, c'est-à-dire à la normale, reste possible et même souhaitable.

Or aucun retour à la normale n'est aujourd'hui envisageable. Il n'est question de rien de semblable pour l'ensemble des évolutions dangereuses qui nous concernent. À l'évidence, on ne sortira des difficultés actuelles qu'à condition de créer un état des choses profondément nouveau, entièrement remanié. Nous devons transformer aussi bien les relations de l'humanité avec la nature que l'organisation politique et sociale des sociétés humaines.

Nous ne sommes pas dans une crise. Nous sommes en route vers un avenir incertain. Nous sommes placés face à des changements majeurs. À proprement parler, nous vivons une mutation certaine dont l'issue est incertaine.

La France dans la tourmente

Notre drame vient de la conjonction d'un grand nombre de phénomènes. Identifions-les afin d'inscrire la France dans la situation mondiale d'aujourd'hui. Pour que l'élu de 2012 reçoive des électeurs un mandat clair et pertinent, il convient de sortir de l'étrange climat où nous sommes plongés.

Nous vivons dans une France inquiète, préoccupée par sa quasi-paralysie politique et par ses graves problèmes sociaux. Mais, dans l'immédiat, notre pays ne perçoit aucune menace comme mortelle. Du coup, il vit dans une certaine indifférence à l'égard des problèmes mondiaux. Il se plonge avec délices dans le concours académique des meilleures recettes pour gérer sa dette, améliorer ses finances publiques, réhumaniser ses banlieues et redresser sa justice. Tout à sa passion pour le concours Lépine de la meilleure trouvaille programmatique, la France oublie que les plus graves menaces proviennent de l'extérieur.

La plus immédiate de ces menaces vient de la finance. Celle-ci peut nous plonger dans une lourde récession. Les toutes premières victimes en seraient les programmes électoraux. Ils seraient condamnés à l'oubli avant même que n'apparaissent les vraies victimes : les chômeurs, à tout coup, et les contribuables sans aucun doute. Il ne s'agit pas de catastrophes brutales, immédiates ou spectaculaires. Hormis les bulles financières, la plupart des évolutions dangereuses actuelles ont un rythme lent. Nous disposons d'un certain temps pour réagir. Mais la crainte de la catastrophe peut monter brusquement si nous perdons du temps par indécision. Il est donc vital d'évoquer à temps ces problèmes. Il est indispensable d'inviter la France à s'y intéresser de près. Certes, la France est devenue un pays moyen. Elle n'a plus la capacité de maîtriser chez elle et pour son compte les menaces venant de nos rapports avec la nature, ni celles venant des marchés mondiaux. Mais la France demeure, dans le monde actuel, un pays écouté. Elle a, de ce fait, le devoir de penser et de proposer à l'échelle mondiale. C'est la tâche de son président de la République.

Ce livre est ma contribution a sa mission.

Je rappellerai ici ce que chacun sent confusément, sans parvenir à identifier clairement les dangers qui s'amoncèlent au-dessus de nos têtes. Peu m'importe ici la chronologie des experts. Je n'analyserai pas les différentes menaces en fonction de leur date d'apparition dans les débats pour initiés. Je les présenterai selon l'ordre dans lequel les opinions publiques en ont pris conscience.

Le retour de désastres sociaux : la pauvreté et la précarité

Le monde soviétique s'est enfermé, voici longtemps, dans un tragique blocage. En guère plus d'un siècle, il fut conduit à l'implosion puis à la disparition. Le tiers-monde s'est longtemps interdit de développement pour des raisons largement idéologiques. Pour son malheur, le colonialisme fut remplacé par l'aveuglement de ses nouvelles élites indépendantes. Un socialisme vague et plus ou moins marxisé était la seule alternative concevable au capitalisme colonialiste. Le monde développé de la libre entreprise a, quant à lui, connu une évolution matérielle extraordinaire. Pendant plus de trente ans, il a connu une croissance rapide et régulière et a bénéficié d'un plein-emploi généralisé. J'y reviendrai en détail dans le deuxième chapitre du présent ouvrage.

Toutefois, à partir de la décennie 1990, on commence à observer les conséquences massives d'un changement profond. Le rythme de croissance a partout diminué de plus de moitié, en moyenne. Un phénomène nouveau, particulièrement ravageur, a fait son apparition : le travail précaire. Pratiquement inconnu jusque vers les années 1990, il englobe maintenant le travail à temps partiel non choisi, les emplois rémunérés à un niveau inférieur au niveau officiel de la pauvreté, les contrats à durée déterminée courte ainsi que les innombrables petits boulots trouvés à la sauvette pour quelques jours et offrant une rémunération médiocre et incertaine. Le travail précaire, fléau nouveau, concerne entre 15 et 25 % de la population de tous les pays développés. Il est mal connu et rarement mesuré. Il s'ajoute au chômage classique. Celui-ci est mieux mesuré et est indemnisé. C'est ici entre 8 et 10 % qu'il faut ajouter aux chiffres du travail précaire.

Le tassement de la croissance en Occident et au Japon a réveillé un autre phénomène : la pauvreté. On la croyait disparue depuis les Trente Glorieuses. La voilà qui revient en force. La pauvreté, c'est tout simplement la situation des adultes valides exclus du marché du travail[2]. Même pas chômeurs, même pas précaires, les pauvres sont environ quarante millions aux États-Unis, vingt millions au Japon, près de douze millions au Royaume-Uni et cinq millions en France. Voilà 7 % de la population qu'il faut ajouter aux chiffres précédents.

Faisons le décompte du désastre social que nous vivons : aux 10 % de chômeurs « classiques », ajoutons les 25 % de travailleurs précaires et les 5 % de pauvres. Voilà donc plus du tiers de la population active des pays développés en situation de grave déstabilisation sur le marché du travail. Voilà deux décennies que cette évolution tragique se developpe. Ne cherchons pas ailleurs la source de l'apathie politique et de l'indifférence civique. Voilà la cause de la montée des partis populistes. Voilà les raisons de la fragilité des majorités gouvernementales qui afflige bien des pays dont le nôtre. Voilà la cause des réponses négatives à tout référendum de passage sur des questions d'organisation sociale générale, l'Europe en fut le prétexte (Irlande, Danemark, Pays-Bas, France).

L'aspect le plus étrange de cette évolution est qu'on n'en parle guère. Bien sûr, le chômage est un phénomène désormais bien connu : en raison de son ancienneté, il est pris en compte par les partis de gouvernement. En revanche, la précarité et

2. Les conventions statistiques françaises donnent de la pauvreté une définition qui inclut les travailleurs précaires les plus mal rémunérés. Il faut y prendre garde et manier les chiffres avec précision. Mais ils restent gigantesques.

la pauvreté, qui s'interpénètrent, sont peu mesurées, mal connues et rarement commentées. Pourtant, quand on veut comprendre le malaise social, les tensions qu'il provoque et le désarroi de l'esprit public qu'il engendre, il faut prendre en compte aussi bien la précarité et la pauvreté que le chômage.

Je tiens cet état de choses pour l'élément le plus fondamental de toutes les incertitudes contemporaines. C'est la combinaison de krachs financiers, de crises économiques et de désastres sociaux qui explique, mieux que tout autre facteur, l'inquiétude des opinions et la fragilité des pouvoirs publics. Et c'est à la réduction du chômage, de la précarité et de la pauvreté qu'on devra évaluer l'action du prochain président de la République. Aucun autre indice ne saurait annoncer plus clairement une sortie de crise.

Du refroidissement de l'économie à la surchauffe de la planète[3]

Notre malheur économique n'arrive pas seul. Dans les années 1970, précisément au moment où les équilibres des Trente Glorieuses se détraquent, le monde prend conscience de menaces d'une autre nature. En 1972, une association d'experts, le Club de Rome, publie un rapport explosif intitulé *Halte à la croissance !* Il ne parle pourtant que d'épuisement des ressources et de pollution généralisée. Une découverte vient aggraver la situation de la décennie 1970. C'est celle de l'effet de serre.

Faisons un court détour par l'histoire de cette découverte. Vers la fin du XIXe siècle, on comprend les raisons pour

3. Tous ces points sont developpés dans le chapitre 6.

lesquelles la planète Terre a une température compatible avec la vie[4]. Les autres planètes du système solaire ont, quant à elles, des températures comprises entre - 180 et - 130 °C. Sur la Terre comme sur toutes les autres planètes, la chaleur du soleil est renvoyée par l'élément liquide et, davantage encore, par les parties claires de la surface solide de la planète. Toutefois, dans le cas particulier de la Terre, une partie de l'atmosphère est composée de gaz particuliers qui bloquent les ondes de chaleur renvoyées par la terre, la glace et l'eau. C'est ce qu'on appelle l'« effet de serre ».

Petit à petit, au fil du XXe siècle, on analyse la composition de cette couche nuageuse qui piège la chaleur. Elle est, pour l'essentiel, faite de vapeur d'eau. Celle-ci est inerte, mais joue un rôle important dans la conservation de la chaleur. Autre élément de la couche nuageuse, le gaz carbonique : il constitue 30 % des gaz à effet de serre, c'est-à-dire l'essentiel de ce qui n'est pas la vapeur d'eau. Le plus actif des gaz à effet de serre est le méthane, même s'il est présent en bien moindre quantité dans l'atmosphère. Dans la seconde moitié du XXe siècle, on découvre que la proportion de ces gaz à effet de serre est en augmentation. Cela aggrave l'intensité de l'effet de serre et provoque un réchauffement général de l'atmosphère.

Ces observations et ces découvertes sont réalisées par des chercheurs d'un type nouveau : peu d'entre eux ont des talents estampillés par le mandarinat international. Il s'agit de passionnés et non de représentants du monde académique en service officiel. Le corps des géologues, pénétré de la qualité de communauté scientifique établie depuis la Grèce antique, entre en bataille contre ces bricoleurs incertains aux découvertes

4. De Saussure, 1896.

difficiles à contrôler. La bataille dure des décennies et jette le milieu scientifique et par là le milieu politique dans la perplexité.

C'est l'Organisation des Nations unies (ONU) qui tire les responsables publics de l'indécision. La chose est à noter car elle est très rare. En 1986, le secrétaire général de l'ONU, le Péruvien Pérez de Cuéllar, demande à deux agences de trancher la question. La pachydermique Organisation météorologique mondiale (OMM) et le petit mais dynamique Programme des Nations unies pour l'environnement (PNUE) créent ensemble le Groupe international d'étude du climat (GIEC). La légitimité de l'ONU est désormais en jeu dans le débat sur le réchauffement climatique.

C'est une affaire lourde. L'ONU tient à sa légitimité. Le GIEC procède de façon méthodique. Il cherche à dégager un consensus au sein de communautés scientifiques constituées de plusieurs centaines de savants. Il entend ainsi asseoir la légitimité de son constat au sein des pays les plus importants. L'inconvénient est que cette démarche est nécessairement lente : le GIEC publie un rapport tous les cinq ans. Au terme de deux décennies de débat, la question est tranchée : le réchauffement climatique est indubitablement observé. Son origine est incontestablement anthropique pour une grande part, c'est-à-dire d'origine humaine, même s'il coïncide en la dépassant avec une phase astrophysiquement prévisible. Elle est liée à notre activité agricole et industrielle. Cela se mesure à la densité de gaz carbonique dans l'air. Elle est de beaucoup supérieure aux données observées lors des réchauffements précédents, puisque la planète en encourait un tous les cent mille ans ou à peu près. Il est acquis que l'actuel réchauffement aura, s'il persévère, des conséquences plus graves que ses prédécesseurs, dont les archives glaciaires – notre instrument de connaissance – gardent les traces.

Les conséquences du réchauffement climatique sont massives dans de nombreux domaines. La première conséquence directe est l'accélération des catastrophes atmosphériques : tempêtes, ouragans, cyclones, typhons, etc. La deuxième conséquence est la fonte progressive des glaces polaires. Celles-ci enregistrent l'évolution la plus rapide et la plus massive. Leur disparition progressive fait de l'Arctique une région ouverte à la prospection pétrolière, au passage du trafic maritime mondial et au développement de la pêche industrielle. La troisième conséquence est le changement climatique important dans des zones entières de la planète. D'une part, le centre des États-Unis, le centre de la Chine, le Sahel et tout le Moyen-Orient sont menacés de voir augmenter leur désertification. D'autre part, la Sibérie, le Grand Nord canadien et le Groenland pourraient devenir fertiles. Quatrième conséquence : l'élévation du niveau des océans. Plus d'un milliard et demi d'habitants (sur les neuf que compte la planète) résident en bord de côte à quelques mètres d'altitude. Si le niveau des océans monte d'un ou deux mètres, les Maldives, les Seychelles ou encore le Tuvalu disparaîtront. Le grand Bangladesh sera lui aussi affecté : il est peuplé de cent quarante millions d'habitants dont plus de la moitié habite à moins de trois mètres d'altitude. Près de nous, les Pays-Bas connaîtront une situation analogue pour le quart de leurs habitants.

Ces dangers sont immenses et l'humanité tend aujourd'hui à les sous-estimer. C'est une difficulté supplémentaire dans le combat contre le réchauffement climatique.

L'urgence financière

Les gouvernements n'ont guère la possibilité de se consacrer entièrement et exclusivement aux problèmes de long terme, comme le ralentissement de la croissance, le chômage, les pollutions de toutes sortes et le réchauffement climatique. D'autres menaces emportent des difficultés à beaucoup plus court terme. Elles sont de l'ordre de la finance[5].

Entre 1945 et la décennie 1970, le monde connaît une longue période de croissance rapide et régulière, de plein-emploi, de finances publiques dans l'aisance et d'absence totale de crise financière. Cette situation reposait, pour une certaine partie, sur un mécanisme international de change bien établi : le *Gold Exchange Standard.* Il permettait que l'échange commercial soit à peu près stable. La condition en était la négociation périodique de quelques dévaluations dont la difficulté était largement compensée par les bénéfices recherchés. Ce mécanisme avait été mis en place par les accords de Bretton Woods en 1944. Le *Gold Exchange Standard* prévoyait que tout pays pouvait avoir accès au mouvement international des échanges s'il réglait ses achats dans l'une ou l'autre des trois monnaies admises : le dollar, la livre sterling et l'or. La condition de stabilité était le maintien, entre ces trois monnaies, d'une parité absolument fixe. La livre sterling perdit progressivement de son poids dans le système, l'élément majeur en était donc la fixation du prix fixe de l'once d'or à trente-cinq dollars. Le système resta comme un libre choix entre l'or et le dollar. Dès la fin des années 1940, les États-Unis trouvèrent des facilités dans ce système qui faisait d'eux

5. Ce point est developpé dans les chapitres 2 et 3.

le seul pays à pouvoir régler ses achats extérieurs dans sa monnaie nationale. De ce fait, dès les années 1950, les Américains manifestèrent une certaine légèreté budgétaire : ils ne financèrent qu'imparfaitement les importants programmes sociaux qu'ils étaient en train de mettre en place. Dès cette époque, leur déficit budgétaire grandit et leur endettement s'établit à un niveau supérieur à la moyenne mondiale. La stabilité dura plus d'une décennie.

Mais vint la guerre du Vietnam. Entre son commencement sous la forme de guérilla, sa lente maturation comme guerre totale et la défaite américaine, elle dura en tout dix-huit ans. La guerre du Vietnam coûta très cher, du fait d'une industrialisation poussée du conflit. Mais elle ne fut pas financée de façon adéquate. Le déficit américain s'aggrava et le président Nixon, en 1971, se trouva devant le blocage. Il lui était impossible de tenir la parité de trente-cinq dollars l'once d'or s'il n'équilibrait pas le budget fédéral en deux ans. Il fallait pour cela terminer la guerre du Vietnam en urgence et donc accepter une défaite. L'alternative était de rompre le lien entre dollar et or. Sur les conseils d'un de ses plus jeunes et brillants conseillers, un certain Dick Cheney, futur vice-président, il choisit de décrocher le cours du dollar de celui de l'or. De ce fait, les échanges devinrent volatils et l'essentiel des prix des marchandises dans le commerce international aussi. Il introduisit de ce fait dans le système international de paiements un chaos qui subsiste toujours. De manière immédiate, cela créa beaucoup de désordres et d'inquiétude chez les producteurs et les intermédiaires commerciaux. Ils cherchèrent à se prémunir contre la volatilité des prix qui s'accroissait constamment.

Pour parer à ces incertitudes défavorables aux échanges internationaux, la science financière inventa une protection. Au-delà des contrats commerciaux classiques spécifiant quantités et qualités des termes de l'échange, on établit un contrat annexe précisant la date à laquelle la transaction aurait lieu ainsi que le prix auquel elle se ferait. Ce deuxième contrat, ou contrat annexe, fut appelé « produit dérivé ». Il s'agit d'une assurance de prix à date ferme. L'invention est remarquable et efficace. La condition de sa rentabilité est que le prix dont il s'agit soit en hausse lente et régulière sur le long terme de manière à permettre la rentabilité du système. C'est l'assureur qui assume les grandes variations des prix à la hausse et à la baisse des marchandises et des matières premières. Et il se rémunère sur l'accroissement lent et régulier du prix des marchandises ou des services sur le long terme.

Les marchés firent alors une découverte géniale : il était possible de déconnecter le contrat principal et le contrat annexe. On pouvait vendre ou acheter l'un et l'autre séparément. Ils créèrent des marchés de promesses de prix à échéance fixe détachés de tout rapport avec une économie réelle. Dans ces conditions, on vit croître et embellir les marchés de produits dérivés dont le volume a dépassé de plus de dix fois le volume des marchés physiques. Ce furent les marchés de produits « virtuels » qui n'avaient d'existence physique que dans des mémoires d'ordinateurs et par conséquent aucune limite en volume global.

Le triomphe du monétarisme

Cette évolution financière s'est accompagnée d'une révolution doctrinale et intellectuelle qui la conditionnait et en tout cas l'alimentait. Un courant d'idée, le monétarisme, s'est imposé comme le courant économique dominant. Ses deux axiomes principaux sont les suivants : d'une part, le marché s'autoéquilibre, et, d'autre part, ses équilibres sont optimaux.

Ces deux principes ont mené le monde là où il est. Je reviendrai à plusieurs reprises[6], au cours du présent ouvrage, sur les conséquences de cette vision de l'économie. Mais nous sommes ici dans l'histoire de la finance et il faut commencer par la première. Sous son influence, la plupart des pays développés ont retiré la fonction de création de monnaie aux banques centrales et l'ont confiée aux seules banques privées. Elle fut ainsi mise au service des marchés financiers bien plutôt qu'à celui du financement des investissements, notamment publics, sur le long terme. C'est l'origine de la multiplication des liquidités internationales à l'usage des marchés spéculatifs. C'est aussi l'origine du surendettement des États, jusqu'alors financés par leurs banques centrales à taux d'intérêt nul. C'est totalement vrai des pays d'Europe, ce l'est moins des États-Unis où cette pratique a en partie continué.

La révolution monétariste conjuguée à l'expansion des liquidités financières eut d'innombrables conséquences.

Quand la technique des produits dérivés fut étendue aux contrats sur les denrées agricoles, elle contribua à l'augmentation constante de leurs prix. À partir de 2006, le prix des denrées agricoles (blé, soja, maïs, lait, entre autres) atteignit un niveau incompatible avec leur consommation par les populations africaines. Cette hausse des cours déboucha sur les émeutes de la faim. Elles furent la première conséquence violente des désordres financiers : elles ravagèrent une dizaine de villes d'Afrique et firent des milliers de morts.

Il y eut plus grave encore d'un point de vue financier et d'un point de vue physique. Sur un certain nombre de marchés de produits dérivés, des bulles spéculatives se formè-

6. Notamment aux chapitres 3 et 5.

rent et explosèrent. La période est bien loin où les crises financières, même seulement régionales, de 1945 à 1975, étaient complètement absentes de la vie économique. Mais depuis 1990, nous sommes dans une période où le monde est agité par une grande crise financière tous les cinq ans. Qu'on songe à la succession de crises durant les décennies 1990 et 2000 : la crise en Amérique latine, la crise « russe » en 1991, la crise du système monétaire européen en 1992, la crise dite « asiatique » en 1997, la crise de la *e*-économie au tournant du millénaire, la crise des *subprimes* de 2007. La vie économique des deux dernières décennies paie, sous forme de crises, le prix de la renonciation à un système monétaire international stable. Le triomphe du monétarisme a inauguré l'ère des crises financières.

La crise de 2007

Une évolution supplémentaire s'est produite dans l'activité immobilière. Les autorités américaines ont continûment encouragé leurs populations à devenir propriétaires de leur logement. De Bush père à Bush fils, le slogan « tout le monde propriétaire » a permis d'affermir le principe « tout le monde capitaliste ». Les pouvoirs publics voyaient dans cette politique d'accession à la propriété une solution aux conflits de classe et aux affrontements entre salariés et capitalistes, particulièrement rudes aux États-Unis.

Pour soutenir ce mouvement général de diffusion de la propriété immobilière à des franges de plus en plus larges de la population, les banques américaines changèrent progressivement mais massivement de comportement. Elles changèrent la pratique du prêt immobilier hypothécaire en le généralisant et en renonçant aux précautions dont on l'entourait quitte à prendre un surcroît d'intérêt de sécurité, les *subprimes*.

Au lieu de soumettre tout candidat à la propriété à un examen attentif de ses capacités de remboursement, les banques commencèrent à prêter à tout le monde en recourant systématiquement aux prêts hypothécaires. La valeur du bien en cours d'acquisition remplaça la solvabilité de l'emprunteur comme garantie du prêt. Pour les emprunteurs les plus modestes, les banques ajoutaient aux prêts hypothécaires une surprime dite « *subprime* » afin de provisionner le surcroît de risque.

L'universalisation des prêts immobiliers hypothécaires ne pouvait durer éternellement. Durant l'année 2007, les banques américaines firent expulser, pour non-paiement des créances, un million et demi de familles américaines, enfants compris. Ce fut un grand scandale. Les policiers se déclarèrent furieux d'avoir à réaliser ces expulsions : ils avaient choisi ce métier par souci de servir leurs concitoyens plus que pour les réprimer. Les tribunaux furent engorgés. Et tous les hommes politiques, quelles que fussent leurs croyances monétaires, s'insurgèrent contre les expulsions massives. Scandaleuse, cette opération d'expulsions massives se révéla insuffisante donc inefficace. Sur le plan purement bancaire, l'expulsion de plus de quatre millions de familles aurait été nécessaire.

La deuxième évolution des activités bancaires manifesta alors ses effets négatifs. Les banques américaines, dont l'activité de prêts immobiliers défaillait, ne choisirent pas de revenir à la prudence. Elles refusèrent d'évaluer le risque, de le provisionner, d'en avertir les autorités de contrôle bancaire et de demander leur aval pour rester crédibles. Elles se lancèrent dans une course en avant et décidèrent de cacher leurs créances « pourries » en les regroupant avec leurs autres créances classiques dans des titres financiers uniques regroupant plusieurs créances. Elles produisirent, à cet effet, de nouveaux titres financiers susceptibles d'être vendus de banque à banque et de figurer explicitement dans les bilans. C'est ce subterfuge qu'on a appelé « titrisation ». Il aboutit, en 2007, à une situation de méfiance généralisée des banques les unes envers les autres. Averties des méfaits de la titrisation parce qu'elle incorporait des créances devenues incertaines sinon « pourries », les banques considérèrent qu'elles ne pouvaient plus se faire confiance les unes les autres dans les mouvements monétaires quotidiens. Chacune ignorait, en effet, à quel point ses partenaires bancaires étaient exposés à des créances irrécouvrables. Du coup, le prêt interbancaire s'arrêta brutalement. La menace de récession était là, immédiate.

Les pouvoirs publics réagirent immédiatement : dès 2008, ils parvinrent à éviter la transformation du krach bancaire en récession. Grâce à la garantie publique, ils renflouèrent les banques. Ce fut une opération intelligente et rapidement menée. Elle se révéla beaucoup plus pertinente que celles qu'avaient réalisées les autorités gouvernementales durant la crise de 1929-1932. Cette opération n'est malheureusement pas renouvelable. Pallier les déficiences de financiers privés imprudents par la garantie publique au risque que celle-ci ne se traduise, pour une part importante, par une lourde augmentation des impôts des contribuables est une opération malhonnête. De plus, elle a l'inconvénient d'aggraver la dette des États. L'élection présidentielle française[7] intervient dans une situation d'immense danger. Le risque d'explosion de bulles financières persiste. Il est redoublé par le risque de crise de défaut sur les dettes souveraines.

7. Ce point est développé dans le chapitre 5.

Au milieu de cette tourmente financière, l'Europe est dotée d'une monnaie commune forte. Mais elle ne dispose pas des instruments nécessaires pour gérer cette monnaie. Cela compromet sa capacité à soutenir énergiquement et sans délai les pays dont les finances sont grevées par le surendettement, la Grèce, l'Irlande, le Portugal et peut-être l'Espagne et l'Italie. La France n'est guère loin derrière. Cela plonge notre continent au cœur d'un climat d'inquiétude. Voilà la situation où nous sommes. Aucun pays ne dispose des moyens d'y mettre un terme seul. Mais toute action internationale suppose le consensus et est donc très difficile à obtenir.

L'informatique, entre liberté et régulation

Les gouvernements font face à un ensemble de problèmes dont la concomitance est inhabituelle. Mais leurs difficultés ne s'arrêtent pas là. De nouvelles tensions apparaissent dont le traitement est indispensable à la préservation des équilibres sociaux.

La transformation rapide de nos sociétés par l'informatique constitue une source de tension considérable. La création d'Internet offre des champs tout à fait nouveaux à la communication au sein de l'espèce humaine. Les œuvres d'art musicales, textuelles ou encore cinématographiques sont mises à la disposition du demi-milliard d'internautes que compte la planète.

Grâce à cette innovation, il est possible à tout un chacun de bénéficier des productions de l'esprit humain sans en régler l'achat et donc sans rémunérer les créateurs. Cela engendre une difficulté politique extrême. Un vaste combat s'engage. Il met aux prises la liberté d'usage et la réglementation nécessaire à la rémunération des créateurs. Ce problème est aujourd'hui toujours dépourvu de solution. Il monte en puissance. Il concernera sous peu les brevets industriels. Il s'agit là d'un problème économique considérable car le brevet est conçu comme un monopole temporaire destiné à assurer la rémunération de ses créateurs. L'institution du brevet, comme la propriété intellectuelle et le *copyright* ont été un puissant aiguillon pour l'innovation. L'érosion de ces protections peut signer la fin de puissants *stimuli* pour la croissance.

D'un côté, la demande de liberté pour la circulation des produits de l'esprit humain a partie liée avec la dynamique de la création. Mais elle a pour inconvénient de ne plus assurer la multiplication des inventions et des créations. D'un autre côté, le contrôle de la circulation des créations peut constituer un lourd handicap pour la création elle-même. Internet pose en des termes aussi durs que renouvelés le dilemme entre liberté individuelle et réglementation.

La circulation informatique crée une hésitation entre liberté et réglementation. Elle soulève un dilemme dont la résolution n'attend pas. Elle met au pied du mur les gouvernements du monde entier : ils doivent faire des choix compatibles entre eux.

La violence criminelle en voie de mondialisation

Un changement majeur est aussi en train de s'accomplir sur le front de la violence.

Depuis 1945 on semble assister à la disparition progressive des guerres classiques. Les guerres interétatiques ont obtenu des résultats nuls : à l'issue des conflits, les adversaires sont revenus à leurs positions initiales. L'affrontement armé est incapable d'apporter une solution aux différends entre États. Ni les cinq guerres entre Israël et les États arabes, ni les trois guerres entre l'Inde et le Pakistan n'ont modifié la tension initiale entre les belligérants. La microguerre entre l'Équateur et le Pérou a fait, en son temps, sourire le monde. Elle a pourtant fait son contingent de morts. Elle s'est, elle aussi, conclue sans résultats. La guerre de Corée est probablement l'expression la plus forte de l'impuissance des conflits armés à trancher par la force des situations que la négociation n'avait pas su traiter.

Depuis 1945, seules des « guerres asymétriques » ont atteint leurs objectifs, comme les guerres révolutionnaires d'indépendance nationale en Algérie et en Indochine. Ces guerres-là sont irrépressibles. Toutefois, aujourd'hui, la carte du monde ne laisse plus deviner de zones porteuses de guerres de cette nature. La décolonisation a parcouru l'intégralité du chemin.

La propension mondiale à la violence prend maintenant une autre forme, celle du terrorisme. Négligeable en nombre de morts et de blessés par rapport à la délinquance habituelle, le terrorisme est dangereux en raison de la puissance déstabilisatrice de ses échos relayés par le monde médiatique. Il constitue l'expression d'un refus à la vie et à la mort de la société occidentale, de ses structures et de ses valeurs. Il est le fait d'un nombre très réduit de croyants fanatiques qui considèrent l'extermination de l'autre comme unique issue à leur foi. Le terrorisme n'est pas seulement musulman : il s'est manifesté au Pays basque, en Irlande, au Sri Lanka et dans d'autres territoires encore. Dans tous ces cas, l'appareil répressif des États se révèle très puissant. Nous vivons aujourd'hui l'extinction probable de la possibilité, pour des organisations terroristes, d'avoir un réseau international efficace. Mais les rescapés de ces réseaux n'ont guère de moyens de survie. Ils se gangstérisent. Nous sommes dans une ère de confusion croissante entre les restes du terrorisme et la criminalité organisée. Il n'est pas jusqu'à la Corse où les résidus du nationalisme ne se trouvent mêlés avec le milieu tout simplement mafieux.

La criminalité violente s'organise, elle s'arme, elle s'internationalise et elle devient d'une extrême puissance. Au nord du Mexique, plus de trois mille personnes ont été tuées depuis moins de deux ans, victimes d'une violence collective organisée par les cartels de la drogue et connectée à quelques anciens réseaux terroristes. Cette collectivisation du crime reçoit de moins en moins une légitimation idéologique, politique, identitaire ou religieuse. Elle est de plus en plus l'affirmation d'une violence brutale et crapuleuse. Cette montée de la criminalité se traduit notamment dans le domaine de la piraterie maritime. Elle prend aujourd'hui une dimension dangereuse dans des zones, la Somalie, Haïti où l'absence d'État offre des bases arrière pour de telles opérations criminelles menaçant tant l'océan Indien que les Caraïbes. La conscience de ces évolutions n'est pas encore complètement mûre. Le droit international ne facilite pas la coopération dans le traitement policier et judiciaire des personnes arrêtées. Pourtant, la piraterie maritime centrée sur les cargos constitue un danger pressant et croissant. Elle réclame un renforcement de la coopération internationale mais également du droit international. Voilà un souci de plus pour les gouvernements qui n'en avaient pas besoin.

La question lancinante des armes de destruction massive (AMD)

Il est une autre menace qu'il faut évoquer, même si elle est un peu négligée. C'est celle des armes de destruction massive (AMD), nucléaires, biologiques et chimiques (NBC). Les armes biologiques et chimiques sont interdites par des conventions internationales entrées en vigueur respectivement en 1975 et en 1997. Ces conventions sont assurément imparfaites, mais elles servent de rempart utile : l'histoire a montré une propension au respect relatif de ces conventions.

À l'unité employée, ces deux types d'armes sont porteurs de dégâts beaucoup moins amples que les armes nucléaires. C'est donc dans la prolifération de ces dernières que réside le danger principal. La prolifération est tout simplement la conséquence de la volonté de quelques États et de quelques groupes non étatiques de s'approprier les armes nucléaires. Lorsque le président Kennedy lança, en 1962, les travaux nécessaires au futur Traité de non-prolifération nucléaire (TNP) entré en vigueur par la suite en 1970, il eut cette phrase : « Nous sommes aujourd'hui cinq détenteurs de l'arme nucléaire. Si nous ne faisons rien, nous serons vingt-cinq ou trente dans vingt ans. »

La diplomatie du TNP fut un succès considérable. On ne compte aujourd'hui que neuf pays détenteurs de l'arme nucléaire. Mais la lutte contre la prolifération nucléaire demeure difficile à mener. Elle n'est plus à la portée de pays isolés, même les plus puissants. Il n'y aura de légitimité à des sanctions contre les régimes cherchant à se doter de l'arme nucléaire que venant de la communauté internationale, c'est-à-dire du Conseil de sécurité des Nations unies. Mais le Conseil de sécurité ne prendra jamais une telle décision tant que certains de ses membres prétendront garder de leur côté leurs propres armes.

Conscients de ce danger, les présidents Obama et Medvedev, ont, par deux fois, émis le souhait commun d'un monde débarrassé des armes nucléaires. Ces efforts n'ont débouché sur aucun résultat : à l'intérieur de chacun de leurs pays, les *establishments* civils et militaires ont érodé la volonté présidentielle. La montagne que fut la réunion quinquennale d'examen de l'application du TNP, en 2011 à New York, a accouché d'une souris. Or, au-delà des trois États du seuil repérés depuis longtemps, l'Inde, le Pakistan et Israël, c'est maintenant la Corée du Nord sûrement et l'Iran peut-être qui s'approchent du seuil nucléaire. La liste des pays ayant des communautés scientifiques et techniques capables de produire ce type d'armes à la demande du régime ne s'arrête malheureusement pas là.

Plus la prolifération avance et plus le danger de l'usage grandit. Or l'arme nucléaire est telle qu'elle ne peut pas avoir des conséquences exclusivement locales. Son usage porte le risque évident d'une déflagration mondiale. La France est hésitante sur ce danger extrême. Elle défend une dissuasion nucléaire qui ne dissuade personne car nous savons qu'aucun grand État ne songe à notre destruction. Cette dissuasion devenue inutile nous coûte une bonne vingtaine de milliards d'euros par an. De ce fait, en continuant à soutenir le principe que cinq États au monde auraient droit à posséder l'arme nucléaire et les autres pas, nous maintenons une ligne diplomatique qui cautionne en fait la prolifération.

La France a une vocation ou devrait avoir une vocation d'exemplarité sur le sujet. En Russie et aux États-Unis, il a été possible aux industriels de l'armement et aux généraux d'empêcher leurs présidents respectifs de donner quelque contenu à leur intention d'engager des négociations visant l'éradication progressive des armes nucléaires. Mais si l'exemple venait d'ailleurs, de France et du Royaume-Uni par exemple, la situation pourrait changer du tout au tout. Même s'il est moins souvent évoqué, ce problème doit être tenu comme un des dangers les plus lourds du monde contemporain et son actualité demeure brûlante.

De l'éveil du monde arabe à la demande d'Europe

Une dernière évolution nécessite un traitement urgent, c'est le changement de figure du monde arabe.

Grâce aux révolutions démocratiques en Tunisie, en Égypte et en Libye, des pouvoirs dictatoriaux ont disparu. L'explosion de ces révoltes est porteuse d'espoirs nouveaux : plus large place faite aux femmes, aspirations démocratiques explicites, pas de manifestations de xénophobie, pas d'autodafé de drapeaux américains ou israéliens, pas de récriminations publiques contre les anciens colonisateurs. Ces mouvements populaires ne trouvaient toutefois aucune expression collective préalable dans l'histoire de ces pays. À travers les élections tunisiennes de novembre 2011, on voit bien que la référence religieuse reste dominante en terre d'Islam. On risque fort de voir accéder au pouvoir des forces se référant à la religion islamique, à la manière de l'AKP en Turquie. Car en zone chrétienne, c'est bien la victoire politique des réformés qui a permis l'apparition d'une pensée et de pays permettant l'éclosion du capitalisme.

Le drame de l'Islam est de n'avoir pas connu sa réforme comme l'a connue le christianisme. Au cours de l'histoire, l'Islam conservateur a toujours triomphé. C'est la rançon de la puissance. Pour son malheur, l'Islam a constamment vaincu militairement ses réformateurs. De là procède la vision d'un Islam conservateur, autoritaire et opaque à la démocratie. La dimension islamique des nouveaux gouvernements arabes peut être préoccupante. Mais elle est intimement liée à la volonté de se débarrasser de pouvoirs indignes. Même islamiques, les autorités nouvelles formulent une exigence de démocratie inconnue jusque-là.

L'attitude de l'Occident vis-à-vis des pays musulmans sera décisive pour assurer l'insertion internationale de ces jeunes démocraties. À la vérité, nos chancelleries sont aussi surprises qu'inquiètes. Elles peinent à savoir comme traiter l'émergence de cette nouvelle forme d'organisation sociale des pays arabes. L'urgence est pourtant grande. Il est impérieux de trouver de nouvelles relations avec les démocraties arabes. Il faut apprendre à coexister avec un Islam cherchant à découvrir la démocratie, qu'il ne connaît guère.

La volonté de domination, la brutalité et le simplisme de la diplomatie américaine ne doivent plus avoir cours. Culturellement, l'Europe pourrait être le substitut, si elle se donnait les moyens politiques d'exister. L'espoir ne peut être placé qu'en l'Europe. C'est dans les années qui viennent que doivent se nouer de nouvelles relations entre le nord et le sud de la Méditerranée. Nous n'avons pas, nous autres Européens, les structures rendant possible une réponse collective rapide. Nous n'avons pas même une stratégie, une vision ou une doctrine commune. Or notre détermination future doit être à la mesure de notre impréparation passée : elle est condamnée à être vigoureuse.

Les gouvernances internationales à l'arrêt

La plupart des problèmes internationaux que je viens d'évoquer sont d'une urgence et d'une dangerosité infiniment supérieures à ce qui se passe chez nous. Leur gestion politique, loin d'enrayer « la crise », y participe elle aussi. Le concept de souveraineté nationale s'est façonné au cours du XVIIIe et du XIXe siècle. Il a d'abord renforcé le pouvoir des États. Il a ensuite favorisé la création de systèmes sociaux plus démocratiques et plus équilibrés. Des services publics ont été bâtis pour assurer la protection sociale, la diffusion de l'éducation et l'accès aux soins. C'était le temps de la grandeur de la souveraineté nationale. Mais, au moment où je boucle l'écriture de ce livre, le Royaume-Uni vient de décider de se séparer du mouvement général européen. C'est vraisemblablement un suicide pour lui. Mais quel soulagement inouï pour tous les autres ! Car l'histoire est terrible. Lorsque, peu avant trois heures du matin, le président du Conseil européen, Herman Van Rompuy, tirant les conséquences de la position britannique dans cette discussion d'un projet de traité visant à protéger l'Europe et l'euro des drames financiers qui s'annonçaient, déclare : « Eh bien, c'est clair. Nous négocierons un traité à dix-sept (la zone euro) et non à vingt-sept (l'Union européenne) », c'est la panique immédiate chez les neuf membres de l'Union non membres de la zone euro hors le Royaume-Uni. Comment tenir seuls dans la tempête qui se prépare ? La Pologne, pourtant marquée culturellement par le passage au pouvoir chez elle des frères jumeaux fascistoïdes, choisit de confirmer sa candidature à l'entrée dans la zone euro. Le Danemark, l'allié de toujours dans toutes les batailles contre l'intégration européenne, choisit aussi la survie monétaire par l'alliance avec l'euro. Même si, pour trois d'entre eux, il existe une profonde incertitude sur l'accord possible de leurs Parlements respectifs sur la position prise. Dans un mouvement général de désagrégation de toute structure de volonté collective – l'entropie, comme disent les physiciens –, le monde ne change que par à-coups brutaux. Celui qui vient de se produire est immense. Il ouvre au renouveau de l'Europe des perspectives radicalement nouvelles.

Les problèmes que j'ai évoqués ici sont tous résolument internationaux. Aucun ne peut recevoir de solution nationale. Pourtant, nous conservons un écrasant respect pour la souveraineté nationale. Ceci nous conduit à un quasi-refus de voir émerger un ordre international appuyé sur des pouvoirs de décision *supra*-étatiques, effectifs et contraignants. La souveraineté nationale est devenue contre-productive.

Voilà la source de la faiblesse de l'Europe. L'Union est la première économie au monde et la plus importante puissance commerciale. Elle compte pour un quatorzième seulement de la population mondiale, mais elle réunit les plus importantes accumulations de savoirs et de richesses existantes. Cela lui crée un niveau de responsabilité mondiale de tout premier ordre. Or, l'Europe a cessé tout pas en avant vers plus d'intégration politique. Le véritable coup d'arrêt à l'approfondissement européen a été porté par l'adhésion du Royaume-Uni en 1972. Cet État a toujours rejeté le principe même d'une véritable Union européenne. Il conçoit son destin comme principalement transatlantique. Dans cette situation, l'Europe est nécessairement indécise car elle ne sait décider qu'à l'unanimité. Il arrive que l'Europe parvienne à dégager une décision. Elle le fait parfois, mais toujours tardivement et au prix de compromis qui entravent les décisions franches et novatrices. Cette paralysie relative de l'Europe la rend extrêmement fragile. Elle est particulièrement vulnérable aux menaces financières, notamment au risque de défaut sur les dettes souveraines.

La gouvernance mondiale est encore plus mal en point que celle de l'Union européenne. Il n'existe actuellement aucune structure capable de dégager des décisions dans des délais raisonnables. La charte de l'ONU ne prévoit pas que le consensus est l'instrument de travail recherché dans ses instances. Les deux organes principaux de l'ONU, l'Assemblée générale (AGNU) et le Conseil de sécurité (CSNU) sont des enceintes où on vote. Pour cette raison, les grandes nations les craignent. Et leur peur de voir prises des décisions qui ne leur conviendraient point les conduit à privilégier les conférences à consensus, pourtant étrangères à la charte des Nations unies.

Le XXIe siècle s'annonce bien mal. Depuis l'an 2000, toutes les négociations internationales engagées et conduites ont échoué. Qu'on songe à tous les sommets infructueux. Qu'on pense aux processus internationaux bloqués. Les sommets de Copenhague, de Cancún et tout récemment de Durban n'ont pas débouché sur des mesures efficaces de réduction des émissions de gaz à effet de serre. La réunion de révision quinquennale du Traité de non-prolifération nucléaire, en 2011 à New York, n'a pas engagé le renoncement aux armes nucléaires. Les sommets successifs du G20 n'ont pas réduit les causes structurelles de l'instabilité financière mondiale. Le processus de paix au Moyen-Orient, ouvert à Oslo, s'est enlisé. Même les réussites de la décennie 1990, le Protocole de Kyoto et l'euro, sont à la peine depuis la première décennie du siècle nouveau. L'indécision mondiale est devenue un problème de premier ordre.

Tout président français aura, pendant le prochain quinquennat, à se consacrer à une réforme de la gouvernance mondiale. La clé de voûte doit en être la renonciation au consensus. Cela signifie que le concept de sécurité internationale doit recevoir une acception plus large. La notion de « sécurité » est au cœur du dispositif des Nations unies. Elle est au centre de sa charte et des attributions de son Conseil de sécurité. Mais elle est interprétée de façon excessivement restrictive. La « sécurité internationale » est considérée et traitée jusqu'ici uniquement sous l'aspect de la menace de violences armées. La sécurité climatique et la sécurité financière doivent être considérées comme des conditions nécessaires de la survie de l'espèce. Elles doivent donc faire partie des attributions du Conseil de sécurité des Nations unies. Rien de ce qui est écrit dans la charte ne s'y oppose.

Tel est l'ensemble des problèmes nouveaux auxquels la communauté mondiale doit faire face. Je crains que l'élection présidentielle ne renforce notre cher pays dans sa tendance à ne penser qu'à lui-même et à ne pas se préoccuper du monde extérieur. Espérons que mes craintes seront dissipées par l'action du prochain président de la République.

L'exemplarité, vocation de la France

Dans la situation mondiale tout à fait nouvelle que je viens de décrire, la France est un pays un peu particulier. Riche de sa longue histoire, détentrice d'une très digne et très noble culture, elle éprouve toujours une fierté nationale considérable. Elle fut – et elle s'en souvient – maîtresse du monde au XVIIe siècle. Cette période est ancienne. Mais elle a laissé des traces. La principale d'entre elles est la présence de la France sur les cinq continents, à travers ses départements et ses collectivités d'outre-mer, les confettis de l'empire. Cette présence mondiale confère à tous ses hauts fonctionnaires, civils et militaires, une culture planétaire presque unique au monde. La France se sent concernée par tous les conflits, où qu'ils se produisent.

Sur le plan international, la France a néanmoins des caractéristiques qui pèseront négativement sur le président de la République durant le prochain mandat. La France se préoccupe insuffisamment de ce qui se passe en dehors de ses frontières. Elle est sans doute absorbée à l'excès par la richesse de sa propre culture. Une anecdote me revient souvent en tête à cet égard.

Il y a une quinzaine d'années, une comparaison internationale avait été dressée sur les presses écrites de tous les grands pays. On évaluait l'ouverture d'un pays à la surface des pages internationales dans les journaux quotidiens. La France ressortait de cette étude comme le pays qui consacrait le moins d'espace, dans sa presse, aux questions internationales et aux affaires étrangères. Signe d'un certain désintérêt pour les affaires du monde, la France est également le grand pays dont la part des expatriés à l'étranger est la plus faible. Il n'y a guère qu'un million et demi de Français vivant à l'étranger. Ce chiffre est à comparer avec les quatre millions d'Allemands et les six millions de Britanniques établis hors des frontières de leur pays d'origine, sans parler de la dizaine de millions d'Italiens.

Nous nous complaisons dans cette indifférence. Elle dessert pourtant la grandeur de notre pays. Elle compromet aussi sa prospérité. Elle limite la présence française dans les institutions européennes. Depuis toujours, notre pays pénalise ceux de ses ressortissants qui le servent à l'étranger, dans le secteur public comme dans le secteur privé. Hauts fonctionnaires et cadres dirigeants l'ont bien compris : pour faire carrière, il faut rester près du soleil. Après un passage à l'étranger, il est bien difficile de retrouver un emploi de niveau correspondant en métropole. Ces caractéristiques sont très défavorables quand il s'agit de comprendre le monde et d'y faire sa place. Il reste, de nos expériences passées, une certaine propension à donner des leçons aux autres au nom de notre expérience. Nous n'en avons plus ni la taille ni les moyens. Le concert international ne s'accommode pas de l'arrogance de certaines nations.

Toutefois, la France a réussi à montrer au monde qu'elle était l'un des seuls, sinon le seul pays, à garder une véritable autonomie culturelle de pensée au sein du monde occidental. Elle est moins dépendante intellectuellement des États-Unis. Elle est aussi le seul des anciens empires coloniaux ayant préservé des liens denses avec ses anciennes colonies. Ni le

Royaume-Uni, ni les Pays-Bas, ni la Belgique, ni l'Espagne ni le Portugal n'ont gardé, avec leurs anciennes colonies, des liens aussi étroits que ceux que nous entretenons avec de nombreux pays d'Afrique.

Cela donne à la France une vocation particulière. Bien sûr, ses intérêts ne méritent pas plus de respect que ceux des autres pays : la France constitue moins de 2 % de la population mondiale. Mais sa voix porte. Celle de la France est écoutée mieux que celles d'autres pays depuis que ce sont des Français qui ont écrit la Déclaration des droits de l'homme et du citoyen en 1789. Quand, il y a plus de vingt ans, des partisans des mouvements démocratiques se sont heurtés à l'armée sur la place Tienanmen en Chine, ils ont chanté la *Marseillaise.* Je ne pense pas qu'il y eût beaucoup de francophones sur place. Notre hymne est, lui aussi, une partie de l'appel à l'universalité que lance notre pays. Cela ne confère à la France aucun droit à donner des leçons aux autres. Mais cela crée à la France un devoir d'exemplarité. Cela donne plus de poids à ce que nous pouvons dire et surtout faire. En matière d'organisation financière, d'informatique, d'armes de destruction massive, la France a une évidente vocation à lancer au monde un appel, à condition qu'elle puisse s'appuyer sur une certaine exemplarité. C'est ainsi qu'il faut comprendre le mandat du prochain président de la République française.

CHAPITRE 2

Naissance du capitalisme, naissance des crises

Faire comprendre les causes, le déroulement et les conséquences de la crise économique que nous vivons, voilà mon but dans le présent chapitre.

Pourquoi commencer par elle ? Pourquoi l'expliquer à nouveau ? Pourquoi convoquer l'histoire dans l'élection présidentielle ? Et surtout, pourquoi, afin de comprendre une crise, faut-il revenir sur les conditions d'émergence du système avant crise ?

Je n'ai dans le chapitre précédent, qui cherchait seulement à énumérer la liste des menaces ou des urgences auxquelles la France est confrontées, évoqué dans l'ordre économique que la crise financière, parce qu'elle est la plus urgente et la plus visible. Il ne faut pourtant pas oublier, ce que l'on verra dans ce chapitre et le suivant, que cette « crise financière » est indissoluble d'une désorganisation très générale et plus dangereuse du système économique tout entier. Mais cet aspect là est moins visible, moins commenté et moins perçu. Hors la peur du chomage, aucun gouvernement n'exprime de commentaire ou d'intention sur l'organisation générale du système économique. Il y a peut-être là la plus grave de toutes les menaces qui nous assaillent, mais la conscience en est faible, le diagnostic disputé, force est bien de la découvrir par l'analyse.

Les crises économiques sont des défis à plusieurs titres. Elles sont un défi à l'esprit humain car elles sont bien difficiles à comprendre, à analyser et à expliquer. Elles sont surtout un défi à l'action humaine car elles sont également ardues à endiguer.

Le capitalisme, une rupture majeure dans l'histoire de l'humanité

Je résumerai ici une histoire étonnante et immensément riche. Depuis bien longtemps, que ce soit en Chine, en terre d'Islam ou dans les pays chrétiens, les autorités politiques et religieuses ont cherché à réglementer l'activité économique. Elles entendaient ainsi stabiliser les marchés, les encadrer, les moraliser. En effet, l'économie de marché, c'est-à-dire l'échange direct d'un produit ou d'un service contre un autre produit ou service devenant un échange monétaire, entre acheteur et vendeur, est apparue il y a trois ou quatre millénaires. Ces ambitions se sont, par exemple, manifestées dans la « bonne économie » catholique du Moyen Âge. L'émancipation des marchés est difficile. Il faut attendre bien longtemps pour que les forces de marché parviennent à se débarrasser des carcans publics, moraux et religieux. La disparition des corporations médiévales et de l'économie dirigée soviétique ou encore le réveil de la Chine, toutes ces transformations ont été ardues à réaliser.

Le carcan le plus durable est d'ordre organisationnel. Pendant plus de trois mille ans, le travail a été essentiellement individuel. L'organisation collective de la production est relativement récente. Elle a été rendue possible par l'évolution des techniques. À partir du XIXe siècle, il est devenu envisageable de fabriquer des produits de grande taille et d'en transporter de plus en plus à la fois. Deux inventions ont bouleversé la donne.

La machine à vapeur fut la première technique permettant de faire travailler un grand nombre d'hommes ensemble. Elle a rassemblé leurs efforts autour d'une source unique d'énergie au sein d'usines géantes. Deuxième innovation, la société anonyme marqua un tournant dans l'ordre juridique. Grâce à elle, il fut possible d'associer de nombreux épargnants pour former le capital d'une société unique. En trente ans, en Europe et en Amérique du Nord, le marché passe un cap important : les relations de personne à personne se complètent de relations de société à société. C'est l'âge des grandes unités de production. On l'appelle « capitalisme ». C'est la plus immense révolution qu'a connue toute l'espèce humaine dans sa longue histoire.

Depuis son origine et jusqu'au XIXe siècle, l'humanité a vécu de la production de denrées agricoles et de la transformation artisanale des produits naturels organiques ou minéraux. Les productions naturelles sont travaillées à main d'homme. Au mieux, une énergie d'appoint est fournie par le vent ou l'eau et, bien sûr, par les animaux de traction. Trois grandes hantises sont récurrentes : les épidémies, les mauvaises récoltes et les guerres. Dans quelques cas, des empires ou des royaumes puissants assurent une période de prospérité et de sécurité. On songe à l'Empire chinois, au royaume d'Égypte ou encore à l'Empire romain.

Un seul produit est d'une telle importance pour l'humanité qu'on trouve partout sa trace. Il s'agit du blé. Comme on connaît les variations de son prix à travers les âges, on peut comparer les époques grâce à lui. On peut ainsi savoir que, à la fin du XVIIIe siècle, les sujets du roi de France vivaient environ trois fois mieux que les citoyens de l'Empire romain et deux fois mieux que les hommes de la Renaissance. Selon cette échelle de comparaison, nous vivons, nous générations actuelles vivant dans les pays développés d'Europe, d'Amérique du Nord ou du Japon, en moyenne cent quarante à cent cinquante fois mieux que nos arrière-arrière-arrière-grands-parents. Cette accélération du rythme d'amélioration des conditions matérielles de vie est la conséquence du capitalisme.

Les conditions d'émergence du capitalisme

La marche du progrès résultant du capitalisme fut prodigieuse. La révolution des sciences et des techniques est une source majeure de cette augmentation considérable du bien-être matériel. Mais elle n'est pas la seule. L'autre condition d'émergence du capitalisme est d'ordre juridique et politique. Le capitalisme repose sur une libération. Il est le seul mode de développement économique qui appelle des populations entières à créer des unités de production ou de commerce. Il appelle les agents économiques à échapper aux règlements de toute nature. Il les incite à bousculer toutes les entraves qui paralysent l'activité et qui sont le fait des Églises, des corporations, des villes ou des États. Tout un chacun doit pouvoir créer sa propre entreprise, voilà la liberté fondamentale qui conditionne l'émergence du capitalisme.

Le capitalisme est né et a pris son essor là où les pouvoirs publics avaient relâché les contraintes pesant sur le financement des entreprises. Il s'est développé en particulier là où l'interdiction du prêt à intérêt avait été levée. Depuis leurs origines, le catholicisme, le judaïsme et l'Islam considéraient le prêt à intérêt comme une offense à Dieu. Ils en interdisaient donc la pratique.

On doit à Jean Calvin, théologien réformé, chef d'État *in partibus*, mais très réel inspirateur et décideur, d'avoir levé cette interdiction à Genève. Calvin distingue deux types de prêts. D'une part, le *prêt de consommation* constitue une aide interpersonnelle qui peut être apparentée à la charité. Sur ce type de prêt, il est immoral de prélever une rémunération. D'autre part, le *prêt de production* est une opération économique destinée à financer l'achat d'outils et de fournitures naturellement avant de pouvoir vendre les produits fabriqués grâce à eux. Il concourt donc à la production et au commerce de biens. Il est évidemment légitime de prélever un intérêt sur ce prêt comme on prélève une marge sur une transaction commerciale. L'autorisation du prêt à intérêt est une condition permissive du capitalisme. Aussi, ce fut d'abord en terre calviniste que le capitalisme fleurit. La plaine du nord de l'Allemagne, la Scandinavie, les Flandres et les Pays-Bas, l'Angleterre, la Suisse et les États-Unis furent les premiers territoires conquis par ce mode de développement foudroyant. Il allait rapidement s'étendre partout et révolutionner le monde entier.

De la brutalité sociale à la protection des travailleurs

La première caractéristique du capitalisme est sa stupéfiante efficacité. Visible, perceptible, mesurable, cette efficacité est évidente. La deuxième caractéristique du capitalisme est tout aussi immédiatement palpable. C'est son extraordinaire violence sociale.

Il s'agit du premier système où on sait faire travailler beaucoup d'hommes ensemble. Mais les méthodes sont aussi rudimentaires que cruelles. Pour faire travailler les ouvriers, on les enferme et on les contraint. Dans les premiers temps du capitalisme en Allemagne, la durée du travail est de dix-sept heures par jour, samedi compris, sans congés payés ni retraites. À l'époque, on travaille environ cent heures par semaine, soit plus de quatre mille cinq cents heures par an. Salaires de misère, conditions d'hygiène désastreuses, répression policière féroce, on assiste presque au retour de l'esclavage.

En réaction à ces tendances, des instruments de défense des travailleurs se multiplient. Ils se répandent aussi largement et rapidement que le capitalisme lui-même. Ce sont d'abord les mutuelles. Les premières sont constituées pour donner une sépulture décente aux ouvriers morts. Ce sont ensuite les coopératives. Des coopératives d'embauche sont organisées pour éviter les tarifs abusifs des loueurs d'hommes. La protection et la défense des travailleurs prennent d'autres formes. Elles passent par des écrits, des découvertes médicales, des réflexions philosophiques ou encore des propositions de systèmes moins inhumains. Dans cette aventure intellectuelle se distinguent les noms de Villermé, Owen, Saint-Simon, Proudhon et, bien sûr, Marx.

Ce mouvement de colère et de protestation débouche sur l'idée de syndicat et, un peu plus tard, sur le concept de parti. Le socialisme, comme valeur, comme exigence et comme institution, est en train de naître. Le nom de « socialisme » tantôt englobe tout le mouvement des syndicats, des unions, des mutuelles et des coopératives, tantôt désigne seulement l'aile partisane de ce mouvement de fond.

Les premières décennies du capitalisme connaissent des batailles d'une immense cruauté. Le 1er Mai devient la fête du Travail. Il commémore la répression extrêmement féroce aux États-Unis, exercée contre des ouvriers qui demandaient la journée de dix heures en 1886.

La cruauté est à son comble dans l'issue de la Commune de Paris. En 1871, la population ouvrière de Paris entend assumer la défense de la ville contre les Prussiens après la défaillance de l'État. Aux élections municipales, rapidement provoquées pour légitimer ce mandat nouveau, artisans et compagnons sont largement dominants. Contre cette émergence politique de la classe ouvrière, la bourgeoisie versaillaise, animée par Thiers, conçoit le projet criminel d'exterminer les classes dangereuses qu'étaient pour elle les classes laborieuses. Il fallait pour cela négocier à toute allure la paix avec la Prusse en ne mégotant pas sur les concessions afin de « s'occuper » ensuite de la Commune. Le drame est immense. La répression fait vingt-cinq mille tués et autant de déportés dans les pénitenciers de Guyane et de Nouvelle-Calédonie. Cet épisode a des effets sur la longue durée. Le développement du syndicalisme français est retardé de trente ans. Le massacre des Communards radicalise durablement les syndicalistes : de cet épisode douloureux, ils sortent anarcho-syndicalistes et donc révolutionnaires. Tout le dialogue social en France sera paralysé ou du moins entravé pendant le siècle et demi suivant. Nous le payons toujours.

Les pays d'Europe et d'Amérique du Nord suivent le même chemin, à cela près que, partout ailleurs, la violence est un peu moindre qu'en France. Échappant à la répression massivement meurtrière, on apprend la négociation sociale. Pendant le XIXe et le XXe siècle, leurs histoires respectives sont marquées par les mêmes tendances. Et partout, la lutte sociale débouche sur le combat politique et sur la compétition électorale. Au rejet initial succède une acceptation manifestée par le vote. Le nouveau mode de production économique est graduellement accepté au niveau politique. Cela prit un siècle et demi.

Ce processus a métamorphosé l'action politique. Après l'essor du capitalisme, l'activité publique nommée « politique » consiste essentiellement (ou devait consister) à limiter la violence sociale du système. Gouvernements et Parlements, le plus souvent sous la pression des sociaux-démocrates, utilisent les richesses produites par la croissance pour développer des services d'éducation, de santé publique et de protection sociale. Ils prennent le relais de la lutte syndicale, à l'échelon législatif ou gouvernemental. Ce fut le cas de la France. Cette association des syndicalistes et des politiques sociaux-démocrates aboutit à l'interdiction du travail des enfants, à la hausse des salaires de misère et à la limitation des durées de travail excessives, toutes mesures obtenues par la négociation partout ailleurs et prises par la loi en France.

Le choix du capitalisme, plus tard confirmé par la social-démocratie, constitue un véritable pari politique et sociétal. Les pays occidentaux ont choisi le capitalisme en raison de sa formidable efficacité. Mais ils l'ont accepté avec le vif espoir de mettre cette efficacité au service de la réduction de la cruauté sociale du système. Le pari fut gagné : c'est bien ce qui s'est passé. Dès le XIXe siècle, on a vu disparaître les durées du travail assassines et l'encadrement quasi militaire. Mieux, les salaires ont régulièrement progressé et la Sécurité sociale a fini par s'imposer au XXe siècle.

Ainsi est né, a vaincu et s'est imposé le capitalisme.

Les crises, symptômes de l'instabilité fondamentale du capitalisme

Malheureusement, le capitalisme se distingue non seulement par son efficacité et par sa cruauté, mais aussi par son instabilité radicale. Les crises constituent des défis considérables pour les agents économiques comme pour les responsables politiques.

Cette instabilité se manifeste dès les années 1850. Après une expansion continue depuis les guerres napoléoniennes, le système marque le pas. Il connaît un temps d'arrêt à peu près tous les dix ans. La crise se traduit par un ralentissement ou même par un arrêt temporaire de la croissance. Elle comporte de multiples faillites d'entreprises. Elle débouche sur d'importantes poussées de chômage. Beaucoup de capitalistes, créateurs d'entreprises ou simples actionnaires, voient disparaître leurs capitaux. Ils sortent de la crise ruinés pour le restant de leurs jours. Pour les ouvriers et les employés, le chômage équivaut à une condamnation définitive. L'arrêt du travail entraîne leur disparition sociale et mène aussi à la pure et simple famine. En l'absence de secours collectifs ou d'allocations, la crise est synonyme de mort pour les salariés.

Si elles ont des conséquences individuelles importantes, les crises ont une portée macroéconomique plus limitée au XIXe siècle. Elles ne durent guère plus d'un an. Elles se traduisent par des récessions réduites : la contraction atteint au plus quelques points de PIB[1] par an. Le dynamisme du système est tel que, malgré les crises, la croissance sur la longue période est soutenue.

L'enchaînement des périodes de croissance et des phases de crises forme un cycle presque régulier. Après la dévalorisation

1. PIB : produit intérieur brut. C'est la dénomination choisie par les économistes pour mesurer le volume total de la richesse produite chaque année à l'intérieur d'une collectivité déterminée. On l'appelle « brut » parce qu'on ne déduit pas de cette quantité la valeur des outillages qu'il a fallu acheter pour la produire. Cette valeur s'appelle amortissement et si on la soustrait, on obtient le produit intérieur net.

des capitaux investis, les économies repartent. Gardons à l'esprit que les économies sont nationales à l'époque. Chaque nation possède sa monnaie et son budget. Chaque État, colonies comprises, fixe le niveau de ses droits de douane. Il mesure ainsi son insertion dans le commerce international et dans les mouvements des capitaux. Ce point est central. À mesure que le capitalisme gagne en puissance, le commerce international se développe à toute allure. Or les crises se propagent par le canal des échanges commerciaux.

De 1820 à 1970, le capitalisme est en permanence une économie de plein emploi. Je mets de côté, bien entendu, les terribles secousses des crises régulières. Le plein emploi sur une longue période est d'autant plus remarquable que la durée du travail passe de quatre mille heures à environ mille six cents heures par an. Sur un siècle, elle baisse de 60 %. Plus largement, en moins de deux siècles, le volume des richesses produites dans le monde est multiplié au moins par plus de cent.

Le développement inouï de l'économie capitaliste se mesure aussi à l'ampleur des dommages provoqués par ses contradictions, sur le plan socio-économique et sur le plan géopolitique. Les deux guerres mondiales constituent des paroxysmes dans l'horreur. Elles n'ont certes pas que des causes économiques. Mais l'économie capitalisée joue un rôle majeur dans leur déclenchement et dans leur ampleur. Les crises économiques croissaient à la même vitesse que le système. Leur retour régulier les faisait apparaître comme inévitables et leurs ravages furent exponentiels.

En octobre 1929, se produisit un effondrement boursier d'une rare ampleur à la Bourse de New York. Il se transmit massivement et rapidement à celles de Londres et de Berlin. Il affecta à un moindre degré les autres Bourses d'Europe et d'Amérique. Traité en dépit du bon sens par les autorités publiques, le krach boursier devint récession économique. En moins de six mois, le produit intérieur brut diminua d'un tiers dans les trois pays les plus développés de l'époque : le Royaume-Uni, l'Allemagne et les États-Unis. Dans les mêmes pays, le chômage passa de 3 % de la population active à plus de 30 %. En quelques mois, les pays les plus prospères passèrent d'une situation de plein emploi à un drame social : cinquante à soixante millions de chômeurs se trouvèrent sans aucune ressource. Une misère noire se répandit. D'innombrables films et romans en portent témoignage.

La crise dura plus de trois longues années.

En Allemagne, on se remettait d'une phase d'hyperinflation. En 1923 déjà, les classes moyennes avaient été paupérisées par la dévalorisation complète de la monnaie nationale. Au tournant des années 1930, l'ampleur du désarroi politique fut telle qu'elle donna un nouvel élan à un petit parti fasciste. Alors qu'il végétait politiquement depuis une dizaine d'années, Adolf Hitler gagna, en 1933, une majorité relative aux élections générales et fut nommé chancelier sur cette lancée. L'Allemagne ne pensa plus qu'à élargir ses conquêtes et à faire la guerre. Elle advint et, de 1939 à 1945, elle causa des horreurs inégalées dans l'histoire.

Les politiques sociales contemporaines : des sources de stabilisation économique

Après la victoire des Alliés en 1945, personne ne douta que ce déferlement de souffrance avait eu pour cause dominante l'instabilité du capitalisme. La grande crise elle-même avait déjà produit une vaste activité intellectuelle sur le sujet.

Petit à petit, entre 1945 et 1948, se mirent en place des instruments de stabilisation. Le premier d'entre eux fut la Sécurité sociale. Avant la guerre, plusieurs pays avaient instauré des secours aux indigents victimes de la crise. Longtemps auparavant, l'Allemagne bismarckienne avait développé des assurances maladie et des caisses de retraite à base professionnelle. Bismarck l'avait fait pour « couper l'herbe sous le pied » aux revendications syndicales et par là affaiblir la puissance montante et considérable du mouvement socialiste. En France aussi, des assurances maladie limitées avaient vu le jour.

L'étape décisive fut franchie, pendant la guerre, par le Britannique Beveridge. Il défendit, dans un rapport de 1942, une thèse novatrice concernant les secours sociaux. Pour lui, généraliser les assurances maladie, les caisses de retraite obligatoires, la distribution de prestations familiales et même la mise en place d'une assurance chômage était la condition pour gagner le pari initial de la social-démocratie : mettre l'efficacité capitaliste au service de la diminution de sa cruauté. Mais étendre le champ et l'ampleur des politiques sociales, c'était faire bien davantage. Pour Beveridge, grâce à l'universalisation de la protection sociale, on pouvait aussi transformer radicalement les sociétés capitalistes en les stabilisant.

Quand plus du tiers de toutes les ressources d'une population provient du système de sécurité sociale, cette nation est protégée contre les variations du cycle économique. Cette partie des ressources des individus ne dépend, en effet, plus du marché. Aucune faillite et aucun plan de licenciements n'interrompent le versement de ces ressources minimales. Le danger de la famine est écarté. Ainsi organisé, le système des revenus sociaux fait subsister un volume réduit d'activité qui sert de point de départ au redémarrage de l'économie.

La régulation de la finance, digue contre les torrents des crises

Contre les crises économiques, le génie humain inventa un deuxième ensemble de techniques stabilisatrices. Ces outils découlèrent de la théorie économique et monétaire du Britannique John Maynard Keynes. Dans son ouvrage majeur, *Théorie générale de l'emploi, de l'intérêt et de la monnaie*, publié en 1936, Keynes tira les enseignements de la crise 1929-1932. Il salua la réussite tardive mais indéniable du *New Deal* du président américain Franklin Delano Roosevelt. Pour Keynes, la situation de plein emploi n'est en rien le résultat automatique du fonctionnement des marchés. La recommandation principale de Keynes vise les puissances politiques : en cas de ralentissement ou de crise, interne ou externe, les pouvoirs publics doivent utiliser les ressources budgétaires et les instruments monétaires pour mener des politiques dites « contra-cycliques ». Il s'agit tout simplement de soutenir la demande dans les récessions. La contrepartie est qu'il convient de diminuer la dépense publique et de constituer des réserves dans les périodes fastes où la croissance est là. Mais peu d'États furent capables de respecter cette partie-là des propositions de Keynes.

Dès la fin de la Seconde Guerre mondiale, Keynes proposa en outre un système monétaire international pluraliste et équilibré. Les Américains le refusèrent afin d'assurer la suprématie de leur monnaie, le dollar. J'ai rappelé l'existence de ce système, le *Gold Exchange Standard*, au chapitre 1. Néanmoins, à la conférence de Bretton Woods en 1944, sous l'impulsion de Keynes, deux grandes institutions financières globales furent constituées pour remédier à l'instabilité financière mondiale : le Fonds monétaire international (FMI) et la Banque mondiale. Telles sont les fondations du nouveau système monétaire international qui fut alors créé. Le tout assure au monde une stabilité financière approximative pour vingt-six ans et une absence de crise financière généralisée pour une soixantaine d'années.

La croissance des salaires, un facteur de stabilité et de prospérité générales

Une troisième technique de stabilisation du capitalisme vit le jour au XXe siècle. Elle fut à la fois plus simple et plus subtile. Elle consista en une généralisation d'une intuition de l'industriel de l'automobile Henry Ford. Dès 1922, Ford déclara : « Je paie mes salariés pour qu'ils m'achètent mes voitures. » Comme il était déjà l'un des plus importants industriels au monde, l'impulsion qu'il donnait par là eut beaucoup de puissance.

Ce mouvement était destiné à accélérer le redémarrage de l'économie après la Première Guerre mondiale. Cette technique poussa à l'expansion du pouvoir d'achat des salariés. Elle affecta à l'augmentation des salaires l'essentiel du surplus fourni par l'augmentation de la productivité. Cela permit aux États-Unis de sortir de la crise 1929-1932 un peu plus vite que les autres. Preuve était faite que la croissance des salaires amplifiait la croissance économique et ne l'amputait pas.

En 1945, les États-Unis jouèrent à plein de ce ressort de croissance. Cela leur permit de passer d'une économie dominée par les industries d'armement à une activité presque complètement débarrassée de cet écrasant secteur. Dans le monde développé, la majorité des observateurs convint de l'efficacité de ce mode de croissance.

Tous les gouvernements des démocraties se mirent à encourager, avec plus ou moins de bonheur, des négociations régulières sur les salaires entre fédérations patronales et unions syndicales. Elles aboutirent à une quasi-indexation des salaires sur la productivité. On appelle en effet productivité le volume de la richesse produite en un temps donné (une heure ou une année) par un personnel et un outillage donnés (un homme, le personnel d'une usine ou toute la main-d'œuvre nationale avec l'équipement mis à sa disposition). Si, pendant ce temps, la qualification des hommes au travail s'améliore, ou si l'équipement se modernise, la production augmente pendant ce même temps. C'est ce surplus de richesse que le capitalisme doit partager. La découverte de Ford est que plus la part des salariés est grande dans ce partage, plus ils auront de pouvoir d'achat pour acheter la production. Évidemment, cela diminue, à court terme, la rémunération des propriétaires de l'entreprise, patrons et actionnaires. Mais cela fait croître plus vite l'activité de cette dernière et donc aussi les revenus capitalistes, mais à long terme.

En France aussi, le mouvement de régulation de l'économie se manifesta. Mais le cas de la France est un peu particulier. Déjà à l'époque de la Libération, les syndicats étaient trop divisés et trop faibles pour peser sérieusement sur le patronat pour obtenir ce niveau de rémunération. Aussi est-ce le plus conservateur de nos Premiers ministres d'après la guerre, le plus « à droite » ou le plus libéral, Antoine Pinay, qui, pour sortir de ce blocage et rechercher le même résultat, eut l'idée étonnante de pérenniser le Commissariat général du Plan, que de Gaulle avait créé pour faire un unique plan, de 1946 à 1950, le temps de remettre le pays en ordre, afin d'obliger patrons et syndicats à se rencontrer régulièrement, ce qu'ils ne faisaient pas sans cela, et afin de partager le constat et d'exprimer en commun le souhait que les rémunérations salariales augmentent de manière à soutenir le rythme de la croissance.

La grande croissance ou les Trente Glorieuses

Entre 1945 et 1950, tous les pays développés se dotèrent d'une protection sociale étendue, encouragèrent une dynamique salariale active et bénéficièrent des changes fixes grâce au nouveau système monétaire international.

Ils mirent en œuvre, de manière à peu près concertée, des politiques budgétaires et monétaires résolument keynésiennes. Ils soutinrent régulièrement la demande. Ils amoindrirent ainsi considérablement les secousses, les chocs et les oscillations du système. Le résultat fut fantastique. Ces politiques débouchèrent sur la plus stupéfiante période de l'histoire de l'humanité. L'économiste français Jean Fourastié la nomma les « Trente Glorieuses ».

Pendant vingt-sept années, de 1945 à 1972, tous les pays développés du monde connurent une croissance rapide et régulière. Pour l'ensemble, la moyenne de l'augmentation annuelle du PIB sur toute la période frise les 5 %. Les variations autour de cette moyenne ne dépassèrent pas 1 à 1,5 %. Il n'y eut plus de crise. Et notamment plus de crise financière. Le rythme de croissance fut double de celui de la grande période d'essor du capitalisme, entre 1820 et 1913. Les Trente Glorieuses firent oublier le désastre de la période 1929-1939.

Quand on s'appuie, comme le fait Jean Fourastié, sur l'évolution du prix du blé et du volume du commerce, on est en mesure d'estimer que le volume global de production fut multiplié par plus de quatre entre 1945 et 1975.

Le caractère stupéfiant de cette période apparaît nettement à la lecture de calculs quelque part satiriques mais parfaitement exacts comme les deux suivants : durant les Trente Glorieuses, on employa d'énormes quantités de fer et de charbon. Et si l'exploitation minière avait eu le rythme des Trente Glorieuses depuis le début de notre ère, on aurait extrait de la terre trois fois son poids. Si la croissance se poursuivait à cette vitesse pendant deux cents ans, la surface de la planète serait, en 2150, occupée par un ensemble absolument contigu de centrales électriques, thermiques ou nucléaires. Naturellement quelque chose devait craquer quelque part. Nous étions, à tous égards, dans une phase inouïe et d'une certaine manière étrange.

L'économie politique devint la science reine en raison des miracles qu'elle permettait. Elle commença à régir le monde en s'appuyant sur trois paradigmes de base. D'une part, les ressources sont illimitées. D'autre part, la nature a de telles possibilités d'autoreproduction que l'activité humaine ne présente aucun danger pour elle. Enfin, il n'y a pas de limites physiques à l'expansion. L'ennui, c'est que ces trois paradigmes sont faux, ce que montre à l'évidence la crise actuelle.

Le règne du plein emploi et la disparition des crises

Cette période présente d'autres caractéristiques à peine moins visibles mais tout aussi étonnantes.

Le plein emploi est alors général dans tous les pays développés. L'Allemagne de l'Ouest absorbe en une décennie une demi-douzaine de millions d'émigrés d'Europe de l'Est qui fuient le communisme. Ce sont le plus souvent des hommes célibataires, alphabétisés et formés. Tous trouvent à s'employer. Un million de Français d'Algérie quittent en catastrophe leur terre d'origine et gagnent la métropole entre 1961 et 1963. Ils trouvèrent tous ou presque du travail en moins de deux ans. Les États-Unis, quant à eux, absorbèrent près de vingt millions d'immigrés durant la période.

Les crises et les krachs semblèrent avoir disparu. Bien sûr, quelques économies alors périphériques, la Turquie, le Brésil et le Mexique, connurent des crises de paiement retentissantes. Mais toutes furent cautérisées sur place. Elles ne causèrent pas de dommages aux économies voisines. On ne connut pas de crise financière générale.

Dans cette situation, tous les États développés sauf les États-Unis jouirent de finances publiques florissantes. Ils dégageaient une épargne appelée « capacité de financement ». Grâce à elle, ils multiplièrent les services publics d'éducation, de santé ou de transports.

Ce fut l'âge d'or de ce que les Français baptisèrent l'« État providence ». Je juge cette appellation excessive et dangereuse. Elle laisse croire à tort que tout vient du ciel. Je lui préfère l'expression anglaise de *Welfare State* ou « état de bien-être ». La structure des puissances publiques de ces sociétés les rendit les plus prospères au monde.

Le modèle nordique

Dans ces quelques cas particuliers, l'intensité du consensus national et la taille modeste des pays ont produit des règles de fonctionnement politique efficaces.

Certains d'entre eux, les États nordiques et les Pays-Bas surent développer à l'extrême les vertus du système. Ils s'appuyèrent sur un très haut degré de consensus national. Ces quelques États ont réussi, bien au-delà des Trente Glorieuses, à devenir les pays les plus riches du monde en moyenne mais aussi les plus stables et les plus harmonieux. Les inégalités de revenus y sont plus faibles que partout ailleurs.

De leur histoire, de leur taille et de leurs réformes internes remarquables, ces pays tirent des capacités d'adaptation considérables. Ils ont bien sûr connu des difficultés d'adaptation et ont ressenti les premiers chocs de la crise actuelle. Mais ils ont largement su y répondre, mieux que la plupart des autres pays. Plus de trente ans après la fin des Trente Glorieuses, ces États restent en tête des classements internationaux du point de vue quantitatif et du point de vue qualitatif. Ils jouissent des plus hauts niveaux de revenu annuel moyen par habitant et d'un niveau d'harmonie que le monde leur envie.

Ces nations, illustrations concrètes de l'État de bien-être, ne furent pas les seules à bénéficier des heureuses conséquences du capitalisme intelligemment et efficacement régulé. Tous les pays d'Europe du Nord et d'Amérique du Nord ainsi que le Japon incarnèrent pendant trente années les vertus du système. Ils partageaient alors quatre caractéristiques : croissance rapide et régulière, plein emploi, absence de crise financière et puissance publique financièrement à l'aise et active dans le financement des infrastructures socio-économiques.

Le retour de l'instabilité

L'aventure des Trente Glorieuses nous porta jusque dans les années 1970. Bien sûr, tout ne fut pas parfait durant cette période. Mais mon propos n'est pas ici de présenter le détail de l'histoire. Mon ambition est de faire comprendre comment le capitalisme évolua pour en arriver à la crise d'aujourd'hui.

Point n'est besoin ici de décrire le destin économique du reste du monde. L'Empire soviétique suivit sa propre trajectoire. Il se remit de la Seconde Guerre mondiale, se consolida puis se rigidifia. Il finit par se nécroser pour finalement imploser. Le tiers-monde rejeta le capitalisme puisque lié au colonialisme. Il se déclara massivement socialiste ou marxiste. Il essaya de multiples voies pour réaliser la collectivisation des moyens de production. Pendant longtemps, l'économie de marché ne s'imposa pas dans le tiers-monde. Les voies suivies dans ces pays ne furent pas convaincantes. Aucun décollage économique réel ne s'y fit jour. Certes, quelques pays pétroliers connurent un relatif développement. Il en alla de même de petits États insulaires que le contexte géopolitique avait transformés en bastions de défense du capitalisme, tels Hong Kong, Singapour et Taiwan.

Dans ces conditions, c'est bien le développement du capitalisme dans les pays développés qui donna son empreinte à l'histoire économique mondiale dans la seconde moitié du XXe siècle.

Résumons-nous. À la fin des années 1970, près d'un demi-milliard d'hommes, en Europe occidentale, en Amérique du Nord et au Japon, vivent dans des situations de plein-emploi, de croissance rapide, de grande stabilité économique et de protection sociale. Ces trente années constituent une période unique dans l'histoire humaine.

Si l'humanité avait été sage, réaliste et modeste, elle aurait reconnu qu'elle avait découvert le meilleur système économique depuis six mille ans. Sa seule préoccupation aurait dû être de faire bénéficier d'un système aussi remarquable l'Amérique du Sud, l'Afrique et l'Asie. Sa seule ambition aurait été de faire accéder au bien-être des populations empêtrées dans les drames de leurs passés, engoncées dans les balbutiements de systèmes politiques instables et lésées par des politiques économiques impuissantes.

Il n'en fut pas ainsi. Des accidents puis des évolutions se produisirent dans des directions bien différentes. Le capitalisme est manié par les hommes. Il peut donc avoir des comportements inadaptés. Le système est un système vivant et, comme un organisme, il se déforme avec le temps. Prenons maintenant la mesure de la rupture introduite par la financiarisation de l'économie.

CHAPITRE 3

Comprendre la crise financière et économique en cours

L'ère des crises financières constitue une véritable rupture dans l'histoire des sociétés développées. Sa portée est si considérable qu'on peut à bon droit parler non seulement d'une rupture financière mais aussi d'une rupture culturelle.

Le présent chapitre explique les origines, analyse les aspects et expose les conséquences des crises financières et économiques qui secouent notre monde depuis les années 1970. Généralement, on les décrit une par une, à l'occasion de chaque accident. Mais elles témoignent toutes d'une même et unique déformation du système. Après l'essor du capitalisme et son apogée sous sa forme régulée, les crises, d'abord économiques puis financières, marquent une nouvelle étape décisive pour comprendre les enjeux de l'élection présidentielle française de 2012.

La « marchandisation » du monde

Le monde des Trente Glorieuses manifesta avec une particulière acuité une tendance intrinsèque au capitalisme lui-même : l'intensification, l'extension et l'augmentation des échanges commerciaux. J'appellerai cette tendance de fond « marchandisation ». Elle préside à l'apparition de la société de consommation.

Cette évolution est mal identifiée. Elle est à peine diagnostiquée. C'est sans doute parce qu'elle s'identifie au capitalisme lui-même. Mais aussi parce qu'elle est considérée comme bénéfique. La « marchandisation » est bien souvent identifiée au bien-être. Je relève toutefois que le « bien-être » économique est entendu de façon excessivement restrictive. Il est réduit à la mesure quantitative des revenus ou des ressources. Personne ou presque ne souligne la nécessité d'intégrer des analyses qualitatives dans l'appréciation du bien-être. Le rapport demandé à Amartya Sen, Joseph Stiglitz et Jean-Paul Fitoussi par le président Sarkozy est, à cet égard, une très rare exception.

De rares esprits, réputés marginaux même s'ils étaient respectés, eurent l'intuition de la « marchandisation » en cours. Friedrich Nietzsche mais aussi Herbert Marcuse, Ivan Illich, André Gorz et Pierre Thuillier soulignèrent son émergence. Pourtant, leur message ne fut pas entendu. Il heurtait les idées reçues de façon trop frontale. Pour la plupart des opinions publiques, des responsables et des observateurs, le capitalisme génère une croissance stupéfiante du bien-être matériel. Le capitalisme marchand renforcerait les perspectives de bonheur. Cette croyance est si tenace qu'elle rend inaudibles de grands esprits.

Il fallut attendre 2008 pour que ces conceptions fussent soumises à un nouvel examen. À l'occasion du krach financier et du choc de croissance, on remit en cause la capacité du marché à satisfaire tous les besoins de produits et de services. Ce n'est que très récemment qu'on a mis en doute la capacité de la « marchandisation » à répondre aux aspirations humaines.

L'histoire du capitalisme est en grande partie celle de l'élargissement de l'échange marchand. L'échange commercial est bien distinct, dans sa logique du don ou du vol. Mesurons l'écart. Dans l'échange marchand, un objet ou un service sont présentés comme disponibles pour tout tiers désireux de s'en porter acquéreur, s'il est prêt à acquitter un prix financier. Là est la « marchandisation ». La force du capitalisme réside dans la multiplicité des individus qui se font entrepreneurs, commerçants ou fabricants. Ils sont tous désireux de tirer un bénéfice des ventes qu'ils réalisent. La condition de leur engagement dans l'activité et l'échange est de vendre un produit ou une prestation plus cher que ce qu'ils ont coûté à produire. Le capitalisme a une logique d'expansion irrépressible. Il s'étend peu à peu à toutes les activités susceptibles de produire du profit. Il emporte tout dans une logique d'ouverture à l'échange, à l'achat et à la vente.

L'essor des transactions commerciales est particulièrement impressionnant si on adopte à son sujet une perspective historique. Tout d'abord, l'autosuffisance agricole marqua le pas. Les grands domaines et les villages au sein desquels le troc suffisait recoururent aux échanges commerciaux extérieurs monétisés. L'industrie, capitaliste par structure et par définition, remplaça en quelques décennies l'artisanat pour fournir la plupart des produits de première nécessité. La généralisation de la « marchandisation » fut plus lente dans le domaine des services. Mais elle fut néanmoins réalisée.

Une société ludique et spéculative

À l'apogée de cette « marchandisation », dans les années 1960, les cinq cents millions d'habitants que comptaient les pays de la Triade (Amérique du Nord, Japon, Europe) se trouvèrent dans une situation nouvelle par rapport à celle de leurs prédécesseurs. De tout temps, dans les sociétés primitives, médiévales ou féodales, le travail du chef de famille suffisait en gros à répondre aux besoins fondamentaux de sa famille qui sont ceux de l'humanité : se nourrir, se loger, se chauffer, se vêtir et se déplacer. Hormis 10 % de pauvres, fraction partout et toujours difficile à réduire, tout le monde arrivait à vivre à peu près décemment. C'est seulement avec le capitalisme et surtout la grande croissance des Trente Glorieuses que les sociétés développées de la Triade sont arrivées à dégager des surplus qui permirent d'alimenter des catégories de dépenses totalement nouvelles : les soins à la personne, les traitements médicaux et les loisirs. L'aventure de ce dernier demi-siècle est la montée de ces dépenses jusqu'à près de la moitié des budgets familiaux en moyenne.

Avec l'émergence de ces dépenses d'un type nouveau, on passa du matériel à l'immatériel. Les préoccupations ne portaient plus seulement sur des données quantitatives physiques du mode de vie. Elles commencèrent à concerner des attitudes culturelles et des façons de penser. Le capitalisme évolua considérablement, notamment dans les méthodes de recherche de clients par les vendeurs. Vendre un objet visible, nécessaire et relativement rare n'exige que peu d'efforts : il suffit de le donner à voir. Mais vendre un objet superflu ou un service sans nécessité, voilà qui demande plus d'ingéniosité. Quand on cherche à monnayer une activité ludique, les vendeurs et les procédés de vente doivent se faire plus insistants. La clé est d'associer le produit à une image désirable. Ce fut la naissance de la publicité de masse et de la prospection de clientèle. Par leur généralisation, ces pratiques changèrent les comportements des parties à l'échange, vendeurs et acheteurs. La société de consommation prit alors la figure d'une société repue, béate, éprise de réussite matérielle et oublieuse de la sphère spirituelle.

Cela affecta des secteurs entiers de l'activité humaine. Dans le domaine de la santé, l'assurance-maladie obligatoire rendit les soins accessibles à peu près à tous. Le secteur privé prit la relève et cibla les classes aisées. Cela poussa à une consommation médicamenteuse souvent excessive. Cela favorisa également l'essor de plateaux techniques onéreux.

Dans le domaine largement répandu de la culture, journalistes, cinéastes et producteurs de toute nature découvrirent que le divertissement (*entertainment* en anglais) se vendait infiniment mieux que la culture authentique. La recherche de l'audience maximale se lia intimement avec le développement de la publicité pour en tirer des rémunérations. Aujourd'hui, nos journaux écrits et nos programmes télévisés sont envahis de faits divers. Les productions de fiction et de téléréalité jouent autant que possible avec l'érotisme et la violence. Toutes ces tendances concourent encore à la « marchandisation » du monde. Elles entretiennent peu de liens avec la grandeur ou le tragique de l'aventure humaine.

De fait, notre société se vulgarise et s'ennuie. Ses piliers traditionnels, la famille et l'école, ne parviennent plus à assurer la transmission des valeurs collectives qui en garantisse la pérennité. Le tissu associatif et le lien social s'épuisent. Les structures sociales, syndicales et même patronales n'encadrent plus le mouvement social. Réactions collectives et mouvements sociaux se réfèrent de moins en moins à l'esprit de responsabilité. Qui pis est, l'appétit de richesse et la soif d'argent deviennent les seuls moteurs sociaux ou presque. Ils influencent largement les choix de carrière et les motifs d'avancement. La société est massivement attirée par le ludique et le spéculatif.

Cette évolution est souvent décrite par les moralistes. Elle n'est pourtant pas interprétée à sa juste portée. Bien des esprits n'y voient que la manifestation de la réussite technique de l'humanité. Selon eux, la « marchandisation » et ses conséquences marqueraient seulement une nouvelle étape. Il conviendrait de s'y adapter afin d'aller plus loin dans le progrès… quantitatif.

Pour ma part, j'estime que cette tendance est la plus profonde et la plus dangereuse de toutes celles qui ont marqué l'histoire du capitalisme depuis un demi-siècle. Elle pourrait être mortelle. Elle constitue à l'évidence un déclin de civilisation. Cette rupture spirituelle se double d'une rupture financière.

La saga du déficit public américain

En 1945, les États-Unis imposèrent leur monnaie, le dollar, comme monnaie universelle à côté de l'or et, temporairement, de la livre sterling. On l'a vu aux chapitres 1 et 2. Cela leur créait des devoirs et, en tout cas, des responsabilités. Leur première responsabilité aurait dû être de gérer leur monnaie dans des conditions compatibles avec la pérennité de l'équilibre général et de la stabilité mondiale. Toutefois, avoir comme monnaie nationale celle dont se servent tous les autres crée des facilités. Cela créa même des tentations pour les autorités américaines.

Comme le monde développé tout entier, les États-Unis créèrent, dans l'immédiat après-guerre, des dispositifs de sécurité sociale qui leur manquaient jusqu'alors et surtout qui créaient des conditions de stabilité et de croissance. Les chantiers principaux furent alors de mettre en place des mécanismes d'assistance et de retraite. Les dirigeants américains eurent moins que d'autres le souci d'équilibrer les finances publiques. À la fin de la décennie 1950 commença la saga effrayante du déficit américain.

Cette saga s'emballa au moment de la guerre du Vietnam. Les politiques américains ne tirèrent aucune leçon du tout récent échec français en Indochine. Ils se lancèrent contre les forces communistes vietnamiennes bardés de la certitude de leur victoire et de leur bon droit. Les pouvoirs publics américains se firent les défenseurs de la civilisation coloniale identifiée, pour l'occasion, au camp de la liberté. Ils appliquèrent au Vietnam leur technique d'industrialisation de la guerre. Le conflit dura dix-huit ans, depuis la généralisation de la guérilla en 1957, puis l'émergence d'un vrai conflit armé international jusqu'à la chute de Saigon en 1975. Cela provoqua des dépenses gigantesques qui furent couvertes en grande partie par une politique budgétaire volontairement laxiste, c'est-à-dire par le déficit et l'endettement.

Placé dans une situation financière inextricable et notamment ne pouvant plus assurer la parité fixe du dollar et de l'or à trente-cinq dollars l'once, le président Nixon prit une résolution historique sur le conseil véhément d'un jeune conseiller nommé Dick Cheney et promis à un brillant avenir. Nixon abolit le lien fixe entre le dollar et l'or le 15 août 1971. Cette décision ébranla l'ensemble du système économique et eut une portée sur l'histoire même du capitalisme. On l'a vu dans le chapitre 1.

Le décrochage du dollar et de l'or eut une conséquence immédiate : le régime de change devint flottant. Il l'est toujours aujourd'hui. Les cours des monnaies devinrent imprévisibles. Ce changement fut catastrophique pour tous les producteurs et les commerçants, notamment pour tous ceux qui opéraient sur des produits lourds ou de grosses quantités : les prix des biens échangés devinrent particulièrement volatils, en même temps que ceux des monnaies.

Les agents économiques furent plongés dans une situation d'imprévisibilité générale. Tout le commerce international fut instantanément fragilisé. La production industrielle elle-même fut touchée. La variation des prix dicta en grande partie toutes les décisions économiques : ventes, achats, investissements ou encore prises de risque.

La volatilité des prix, ennemie de l'échange

Dans l'histoire économique, les grandes variations de prix ont deux sources principales.

La première tient aux différences dans l'évolution moyenne de la productivité. Tout pays dont la productivité générale, et en particulier celle du travail, évolue moins vite que celle d'un autre pays partenaire souffre d'un déficit de compétitivité. Il a pour seule issue l'ajustement du taux de change de sa monnaie par la dévaluation. Le marché procède de lui-même à cette correction lorsqu'elle n'est pas politiquement décidée à temps. L'ajustement par les taux de change est irrépressible même s'il est généralement progressif. Ce mécanisme évoque des mouvements de plaques tectoniques. Il s'agit d'évolutions irrépressibles, lentes, assez régulières et relativement prévisibles. Sa lenteur et sa régularité rendent l'ajustement par les taux de change tolérables : on peut en effet établir et honorer des contrats en se basant sur des prévisions fiables.

Les grandes variations de prix peuvent avoir une autre source. Elles peuvent résulter de la situation créée par l'insuffisance locale et temporaire de l'offre face à une demande solvable. Dans ce genre de situations, la plupart des grandes commodités et des biens de grande consommation connaissent des changements de prix brutaux.

Un exemple frappant de ce mécanisme est donné par l'envolée du prix du cuivre en 1951, à l'orée de la guerre de Corée. Les États-Unis durent se réarmer très rapidement alors que les industries d'armement avaient déjà été démantelées en Occident. Le prix du cuivre, élément nécessaire à ce type d'industrie, tripla en quelques mois. À des échelles plus réduites, on observe des évolutions de ce genre dans les prix des denrées alimentaires.

L'invention des produits dérivés

Dans des contextes de ce type, producteurs et commerçants cherchent à se protéger de ces variations considérables. Elles peuvent en effet aboutir à des doublements ou à des triplements de prix en quelques jours. De tels à-coups dans les prix compliquent et fragilisent toute opération de commerce[1].

Dans les années 1970, les industriels et les négociants cherchèrent des solutions chez leurs assureurs. Pour répondre à cette demande, on développa un savoir nouveau, la science financière à laquelle la France fournit une contribution importante. Cette nouvelle sapience développa une technique d'assurance.

À condition que le prix d'un bien soit en augmentation lente et régulière à long terme, on peut imaginer une assurance

1. Ce fait a été mentionné dans le chapitre 1.

contre les oscillations rapides et fortes de son prix à court terme. L'assureur se rémunère sur la hausse continue et graduelle du prix sur longue période. Son client, l'assuré, obtient, lui, d'être protégé par un nouveau type de contrat qui efface pour lui l'effet des sautes de prix violentes.

Les assureurs et les banquiers tenant pour acquis qu'il fallait continuer à dresser des contrats commerciaux classiques pour organiser un échange de produits dont les qualités et la nature sont spécifiées, proposèrent de joindre à ce contrat classique un contrat annexe précisant la date à laquelle la transaction aurait lieu et le prix auquel elle se ferait. Ces contrats annexes nouveaux sont ce qu'on appelle des « produits dérivés ». Il s'agit tout simplement d'assurances prix à date ferme. Les assureurs et les promoteurs de la science financière suscitèrent une adhésion rapide et universelle de la part d'agents désorientés par les variations de prix des années 1970.

Grâce à ce mécanisme d'assurance, il devint possible de passer des contrats deux ou trois ans à l'avance. L'invention est géniale car elle est un stabilisateur du commerce à condition de ne pas oublier sa condition de base : la hausse régulière des cours à long terme.

L'émergence des marchés de produits dérivés

Les marchés firent eux aussi une invention géniale. On avait accolé aux contrats principaux des contrats annexes pour assurer les prix. Pourquoi ne pas disjoindre contrats principaux et contrats annexes ? Pourquoi ne pas faire commerce uniquement des promesses de prix que constituent les contrats annexes ou « produits dérivés » ? Ainsi naquirent les marchés virtuels où étaient échangés des contrats annexes disjoints des contrats réels. Cela permit l'échange d'engagements sur l'avenir en matière de prix des denrées et des monnaies.

En une ou deux décennies, on aboutit à un développement gigantesque des marchés des produits dérivés ainsi déconnectés de l'économie réelle, qu'on appela « marchés virtuels ». Ces marchés ont une dominante spéculative. Ils sont évidemment sujets à la formation de bulles et à leur explosion.

Pour comprendre la crise de 2008, on doit retenir un trait essentiel de l'émergence des marchés de produits dérivés. Sur les marchés de produits réels, il y a une force de rappel : les limites des quantités physiques échangées. Une fois cette limite dépassée, il n'y a plus matière à passer des contrats. Les marchés de produits virtuels (les dérivés déconnectés) ne comportent pas de telles limites. Comme ils ne portent pas sur des quantités physiques, leur évolution est illimitée et pratiquement infinie.

Le torrent des liquidités internationales

L'invention des produits dérivés et la création de marchés permettant leur échange ne sont pas, à elles seules, les conditions permissives de la formation de bulles financières. L'abondance des liquidités internationales est, elle aussi, un facteur d'instabilité financière globale. Voici comment.

Dans les années 1980, les banques centrales furent marquées par une véritable révolution. L'émission de monnaie leur fut retirée en totalité en Europe, en grande partie aux États-Unis. On verra plus loin le sens et les raisons de cette décision. Retenons pour le moment que les responsables politiques interdirent aux banques centrales de créer de la monnaie. Ils confièrent cette fonction exclusivement aux banques privées. Le résultat fut de faire sauter les freins imposés à la demande de liquidités internationales. Pendant les Trente Glorieuses, quand il circulait dans le monde un dollar commercial correspondant à des achats ou des ventes de produits ou de services, il circulait aussi un dollar financier lié à des créances, à des prêts ou à des achats de titres financiers, actions ou obligations. De 2000 à 2006 avant les drames, pour un dollar commercial, il circulait entre cent vingt et cent trente dollars financiers. En 2008, à l'orée de la crise, on estimait à trois ou quatre mille milliards de dollars les liquidités mondiales disponibles sur les marchés financiers. Elles sont une condition de la formation et de l'explosion des bulles financières.

Le destin des bulles

Généralisation des produits dérivés et abondance des liquidités mondiales provoquèrent la formation de bulles. Et c'est l'explosion de ces bulles qui plongea, à plusieurs reprises, le monde économique dans le plus grand désarroi.

Toutes les bulles n'ont pas eu dans le passé un impact récessif généralisé. Une crise comme celle de la *e*-économie, en 2001, fut l'explosion d'une bulle sur un marché spécialisé. Seuls quelques opérateurs disparurent dans l'aventure. Ce fut aussi le cas de la première et de ce fait de la plus célèbre des crises par explosion de bulles financière, celle des tulipes aux Pays-Bas au XVIIe siècle. De même l'extension des marchés de produits dérivés aux denrées alimentaires, en 2003-2006, fut porteuse de conséquences négatives géographiquement limitées mais humainement dramatiques. Blé, soja et lait firent l'objet de contrats commerciaux à terme et de contrats annexes associés. Ces nouvelles pratiques s'appuyèrent sur un mouvement régulier de hausse des prix. Mais l'extension des produits dérivés aux denrées alimentaires provoqua une accélération de la hausse de leur prix. Ce mouvement, accompagné d'une forte augmentation de la demande « physique » chinoise et indienne, porta le prix du blé et surtout celui du lait à des niveaux si hauts que les familles vivant avec un ou deux dollars par jour ne purent plus acheter ces denrées de base. Voilà la cause de la dizaine d'émeutes de la faim qui firent les premiers milliers de morts des crises financières contemporaines.

Par la suite, les bulles explosives se généralisèrent et gagnèrent toujours plus en dangerosité. Elles furent responsables de la crise des liquidités sur les marchés interbancaires. Pour comprendre le mécanisme à l'œuvre ici, il est nécessaire de distinguer, d'une part les comportements spéculatifs de risque excessif affectant tel ou tel marché et, d'autre part, le système général d'émission de monnaie. Comme la fonction d'émission de monnaie est confiée aux seules banques privées et comme celles-ci sont les principaux acteurs des marchés financiers, les liquidités sont affectées en priorité aux marchés spéculatifs et non plus au financement des États, ni même prioritairement à celui des investissements.

Des signes précurseurs auraient dû avertir les pouvoirs publics des dangers qui pointaient. Les experts auraient dû mieux interpréter les faillites, en décembre 2001, de ENRON, groupe centré sur l'énergie, et de LTCM, un fonds de placement américain, en septembre 1998. Ils firent faillite isolément. Les observateurs traitèrent ces faillites comme des accidents. Il s'agissait pour eux de la sanction normale de mauvaises décisions managériales. Ils auraient dû y voir l'annonce de déséquilibres plus généraux qui ne tardèrent guère à se manifester.

Depuis 2008, le monde ne s'est pas montré capable de dégager une méthode consensuelle de traitement de ces dangers. Quand l'élection présidentielle française aura lieu, nous serons toujours dans une situation critique. La régulation des marchés de produits dérivés n'est pas engagée. La masse des liquidités, actionnée depuis des paradis fiscaux pour près de la moitié de son volume, reste inentamée. Surtout, la séparation absolue des banques de dépôt, devant à leurs dépôts une sécurité totale, d'avec les banques et institutions financières travaillant sur le risque et ne devant le faire qu'avec leurs fonds propres ou des capitaux dédiés, n'a jamais été rétablie.

Elle avait été instaurée par Roosevelt en 1933, au demeurant contre la volonté de la totalité des autorités financières de l'époque. Largement imitée ailleurs, elle valut au monde un demi-siècle de vie économique sans crise financière. Elle fut abolie en Europe comme aux États-Unis à la fin du XXe siècle. Il y a une crise financière majeure tous les quatre ou cinq ans depuis cette abolition. Remettre cette distinction en place limiterait considérablement le volume des liquidités susceptibles d'être mises en mouvement à l'occasion d'une panique boursière mondiale et réduirait ainsi beaucoup l'ampleur d'une telle vague ainsi que les risques de récession qu'elle comporterait. Mais on n'en a rien fait...

La révolution actionnariale et l'épopée des fonds de pension

Quittons un moment la finance pour revenir à l'économie réelle. On se souvient que l'équilibre décrit ci-dessus pour la période dite des Trente Glorieuses s'appuyait sur une quasi-indexation des salaires sur la productivité, pour assurer la croissance du pouvoir d'achat, donc de la consommation. Cela comportait une victime collatérale, que je n'ai pas mentionnée jusqu'ici : l'actionnaire. Il était en effet faiblement rémunéré.

Dans l'immédiat après-guerre, les actionnaires n'ont pas d'existence. C'est l'époque des plaisanteries sur l'inutilité des assemblées générales et sur l'inaction frustrée des petits porteurs. Les rares actionnaires qui assistaient aux assemblées générales étaient eux-mêmes, le plus souvent, de grands industriels venus s'informer sur l'état de la concurrence. Les actionnaires n'avaient alors aucune propension à discuter les frais de représentation des dirigeants, encore moins la politique salariale.

Le regroupement progressif des actionnaires changea la donne. Les petits porteurs fédérèrent leurs intérêts au sein de fonds de pension. Ceux-ci rassemblèrent un nombre croissant d'épargnants en train de préparer leur retraite. Les fonds de pension reçurent le mandat de représenter leurs actionnaires (le plus souvent minoritaires à l'époque) dans les assemblées générales des entreprises. Très vite se multiplièrent aussi dans les dernières décennies du XXe siècle d'autres regroupements d'actionnaires : les fonds d'investissement, beaucoup plus petits, moins pachydermiques que les fonds de pension, mais bien plus agressifs qu'eux ; les fonds d'arbitrage spécialisés dans les opérations sur titres financiers, que l'on appelle souvent par leur nom anglais « *hedge funds* ». En moins de trente ans, ces types de fonds ont pénétré la totalité des grandes entreprises multinationales où ils ont très souvent acquis des minorités de blocage et parfois des majorités. La voix de l'actionnaire gagna considérablement en portée. Bientôt, les représentants des fonds n'eurent plus qu'un seul mandat : exiger pour leurs mandants le dividende le plus gros possible le plus rapidement possible. Ils obtinrent rapidement l'écrémage des frais de représentation excessifs. Mais ils trouvèrent bientôt leur véritable antagoniste : le pouvoir d'achat des salariés.

Les fonds exercèrent leurs pressions grâce à plusieurs leviers. Ils provoquèrent d'abord la valse des dirigeants. La pression des actionnaires fut telle qu'ils parvinrent à faire tomber les P-DG coupables de ne pas distribuer de dividendes suffisants. Cette valse fut un peu plus tard complétée par la vogue des Offres publiques d'achat (OPA). Des fonds de pension rapaces jetaient leur dévolu sur les sociétés d'un certain type. Il s'agissait des sociétés conduites par une direction respectueuse des accords passés avec le monde salarial et qui donnaient la priorité à la préparation de l'avenir sous la forme de la fidélisation des salariés et de l'importance accordée à la recherche scientifique.

Toutes les actions des fonds représentant les actionnaires visèrent à liquider la « main-d'œuvre inutile », selon l'expression en vogue. Qu'est-ce que la « main-d'œuvre inutile » aux yeux des actionnaires ?

Durant les Trente Glorieuses, on avait pu être laxiste en matière d'embauche. Les actionnaires réunis en fonds de pension veillèrent à instaurer une plus grande rigueur en la matière. De là, ils en vinrent à d'autres idées. La principale fut d'externaliser les « services courants », autrement dit les services dont les employés ne sont pas directement liés à la réputation portée par le nom même de la marque. Les « services courants » considérés comme des gisements de « main-d'œuvre inutile » furent aisément identifiés : il s'agissait des services d'entretien, de réparation, de maintenance, de nettoyage et souvent même des unités chargées de la fabrication des éléments les plus simples de l'objet final assemblé. La pression actionnariale conduisit les directions d'entreprise à les externaliser non pas dans des filiales mais dans des entreprises totalement extérieures au groupe.

Elles choisirent de sous-traiter ces services à des structures de préférence petites afin d'éviter les forts taux de syndicalisation des grands groupes. Elles adoptèrent aussi la pratique de changer régulièrement les contrats d'approvisionnement avec ces sous-traitants afin de comprimer constamment les coûts.

Le mouvement d'externalisation fut graduel mais impitoyable. Il fut particulièrement net dans le cas des constructeurs automobiles. Durant les Trente Glorieuses, les constructeurs automobiles fabriquaient sous leur nom et avec leurs propres salariés au moins 80 % de la valeur ajoutée des produits qui portaient leurs noms. Aujourd'hui, après le mouvement d'externalisation, ils ne sont plus que des assembleurs. Ils produisent 20 % de la valeur ajoutée de ce qu'ils vendent. Le reste de la valeur ajoutée provient de sous-traitants maltraités.

La précarisation du travail salarié

La révolution actionnariale est ainsi directement responsable de la précarisation du travail. Dans les Trente Glorieuses, des expressions comme « petit boulot » et « travail précaire » n'avaient pas cours. On ne connaissait que le Contrat à durée indéterminée (CDI). Quelques entreprises de travail temporaire assuraient une certaine fluidité sur les marchés des compétences rares à haute technicité.

La précarité est une donnée massive mais récente. Elle prit d'abord la forme de contrats à durée déterminée fréquemment inférieure à un mois ou deux. Elle se manifesta ensuite dans des contrats de travail à temps partiel non choisi. Aux États-Unis, elle conduisit également à des contrats de travail prévoyant des rémunérations inférieures aux seuils légaux de pauvreté reconnus par certains États fédérés.

Le triomphe du monétarisme

On ne saurait comprendre cette période sans inclure dans la réflexion ce qui se passait à ce moment dans le monde de la doctrine ou de la pensée économique. La formation des bulles financières, la montée en puissance de l'actionnariat, la précarisation du marché du travail, toutes ces évolutions dommageables se sont appuyées sur des éléments de doctrine.

À la fin des Trente Glorieuses, les économistes firent de la lutte contre l'inflation leur priorité. Cette tendance apparut aux États-Unis, à l'école de Chicago. Nommée « monétarisme », elle produisit plus d'une dizaine de prix Nobel d'économie dont le premier fut celui de Milton Friedman, en 1976.

Milton Friedman et ses zélateurs repartirent de l'idée fondamentale d'Adam Smith : la main invisible. Selon eux, l'adéquation est automatique entre offre et demande, de sorte qu'un niveau de prix cohérent avec l'offre et la demande peut toujours être trouvé. Friedman dégagea deux axiomes de cette intuition : d'une part, le marché est autoéquilibrant et, d'autre part, tout équilibre de marché est optimal. « Optimal » ne veut pas dire « parfait ». Un équilibre de marché est optimal au sens où la répartition des fruits de la richesse est la meilleure possible pour tous les intervenants. Si, au nom d'une insuffisance soit sociale soit environnementale, on décide de corriger à l'aide d'interventions publiques (subventions, réglementations, ou impositions), on fera nécessairement plus de perdants que de gagnants, selon les monétaristes.

Le monétarisme fut solidaire d'une mathématisation poussée de l'économie. L'économie eut du mal, tout au long des XIXe et XXe siècles, à se faire reconnaître comme science. Les mathématiciens et les physiciens ont longtemps décrié les sciences humaines comme « molles ». Par cet adjectif, ils entendaient souligner le caractère aléatoire des logiques déductives et donc des prévisions de leurs collègues sociologues, politologues et économistes. En mathématique, en physique et en chimie, l'enchaînement causal est d'une perfection exhaustive. Dans l'effort de mathématisation de l'économie, il y a une tentative émouvante pour améliorer le sérieux de cette science. Mais cette mathématisation se fait dans l'oubli des caractères sociologiques aléatoires des données économiques de base. Songeons à la dynamique du marché automobile. À quel moment achetons-nous une voiture ? Qui peut prédire notre achat ? Y a-t-il un phénomène de mode ? Le marché de l'automobile est lié à des évolutions qui perturbent l'enchaînement des causes.

Appuyés sur une mathématisation poussée, les monétaristes avancèrent ce dogme : le comportement du marché sera d'autant plus optimal qu'il subira moins de perturbations réglementaires, fiscales et, plus généralement, publiques.

Le programme politique d'une théorie économique

De cette théorie, les monétaristes déduisirent la nécessité de combattre l'extension de l'État en économie. Sous leur influence, on limita le périmètre de l'intervention publique et on élargit la sphère de l'économie de profit. Le monétarisme passa ainsi du statut de courant économique à celui de force politique. Ses résultats théoriques débouchèrent sur un véritable programme politique.

La première victoire monétariste fut de faire interdire aux banques centrales d'émettre de la monnaie. Les monétaristes visaient ainsi le tarissement de l'inflation. Ils interprétaient l'inflation à la lumière d'une loi purement quantitative : pour eux, l'inflation est imputable exclusivement au volume de monnaie. Cela est erroné. La vitesse de circulation de la monnaie est bien plus porteuse d'inflation potentielle que la quantité physique de monnaie. Mais c'est dans cette vision qu'il faut voir l'origine du transfert vers les banques privées de la fonction de création de monnaie par émission de crédit. C'est la source de l'hypertrophie des marchés financiers.

La deuxième victoire du monétarisme concerne le poids des salaires dans l'économie. Dans la perspective keynésienne, le salaire est un facteur macroéconomique majeur car il détermine la consommation. Dans la pensée monétariste, le profit est le régulateur central. Le salaire est seulement un solde à traiter. Pour faire du profit, il faut minorer le salaire. Le monétarisme fournit une justification théorique à l'écrasement de la main-d'œuvre par l'actionnariat.

Troisième victoire du monétarisme, le changement de statut du chômage et de la précarité. Pour les monétaristes, le chômage n'est plus le défi central de l'économie politique. C'est une variable secondaire dont le traitement est accessoire. Le chômage est un solde dont la gestion appartient à la charité publique et à la police. Le triomphe théorique et politique du monétarisme paralysa les décideurs. Ils ne surent pas faire face à la montée du chômage de masse dans les années 1980 et 1990. Le chômage de masse aggravé par la précarité apparut comme un mal sans remède, comme un fléau imparable.

Le bilan du monétarisme politique est tragique. D'un point de vue social, un tiers de la population des pays développés est aujourd'hui déstabilisé sur le marché du travail, soit comme chômeur, soit comme précaire ou même pauvre. Du point de vue des mentalités collectives, le monétarisme nous a fait entrer dans l'ère de l'inquiétude, dans la société de la peur. D'un point de vue macroéconomique, le monétarisme a bouleversé la répartition du produit intérieur brut (PIB) et de la valeur ajoutée. Il a chamboulé les équilibres durement établis entre les salaires, les impôts et les profits. En 1980, pour les quinze plus grands pays de l'OCDE, la part des salaires dans la valeur ajoutée était de 67 %. Elle se réduit à 57 % en 2005. Cette différence correspond à l'amputation de la masse salariale. Elle se chiffre à environ une fois et demie le PIB de l'Europe, soit entre cent cinquante et deux cents trillions de dollars de moins pour les salaires. Cette évolution macroéconomique entraîne l'affaissement du pouvoir d'achat et donc le ralentissement de la croissance. Elle explique également l'ampleur des liquidités disponibles pour les marchés spéculatifs.

Le nécessaire renouveau de la science économique

Le triomphe du monétarisme est écrasant. Aujourd'hui, la plupart des décideurs politiques et des responsables économiques ont tous été formés à cette école de pensée. La succession de plus d'une dizaine de prix Nobel d'économie récompensant des monétaristes depuis les années 1970 illustre cette hégémonie[2]. Le monde a un besoin urgent d'un renouveau profond des sciences économiques pour cette raison.

La domination monétariste n'est pas irrémédiable. Même le jury du prix Nobel d'économie a commencé à la remettre en cause. Il reflète peut-être ainsi sa culture scandinave et indique qu'il entend donner la priorité à l'État de bien-être

2. Friedrich Hayek fut récompensé en 1974, Milton Friedman en 1976 et George Stigler en 1982, par exemple.

et à la régulation politique. Ce jury avait honoré le monétarisme durant des décennies. Il changea son orientation dès 1998 et couronna, en la personne d'Amartya Sen, un des plus remarquables économistes de la pauvreté. Tous ses travaux décrivent les dysfonctionnements du système capitaliste et monétariste. Depuis la fin des années 1990, aucun monétariste n'a été distingué et les économistes keynésiens ont repris une place importante dans le palmarès du Nobel. On se souvient du cas curieux de Joseph Stiglitz. Ancienne éminence de la Banque mondiale, il gagna son prix Nobel grâce à des travaux montrant les limites du consensus de Washington largement inspiré des paradigmes monétaristes. Mais ensuite, démissionnaire de la Banque mondiale et de retour à l'université, il écrivit un livre intitulé *Quand le capitalisme perd la tête*. Le prix Nobel a aussi récompensé une économiste, Elinor Ostrom, en 2009, pour avoir montré que, s'agissant d'aménagements collectifs, la gestion privée n'est pas plus performante que la gestion publique et que le système le plus efficient s'avère au total être la gestion par les usagers… Un retour bien inattendu de l'autogestion !

L'aventure du prix Nobel nous montre que les cadres de pensée sont en train de changer. Cela est plein d'espoir pour la suite. Reste que ce mouvement est tout récent. Nous ne disposons pas de nouveau paradigme. Il ne peut y avoir de renouveau de la science économique sans une prise en compte du chômage et de la précarité. Quand, pour sauver la Grèce, on préconise une réduction de 20 % du pouvoir d'achat, on est peut-être un économiste avisé mais on oublie la réalité socio-économique qui rend la chose impossible. Il faut donc que cette réalité entre dans le champ de l'économie.

L'aventure théorique est essentielle. Le renouveau de l'économie est en cours. Je m'en réjouis. Il est nécessaire qu'il s'accélère. Le prochain président de la République aura pour mission de veiller à ce sursaut intellectuel en recourant à l'expertise d'économistes capables de penser hors du paradigme monétariste.

La dette, fatalité politique ?

Il est un autre aspect des dommages causés par cette théorie économique. C'est l'acceptation de l'endettement. En interdisant aux banques centrales de faire des avances gratuites de fonds aux États, le monétarisme a rendu les États impécunieux, ce qui se révèle aujourd'hui tragique et a conduit à l'enrichissement des banques. Ce n'est pas tout. Le système monétariste, négligeant la montée de la précarité sur le marché du travail, légitima le remplacement de la richesse salariale par le recours à l'endettement.

Par exemple, de 2000 à 2010, toute la croissance du PIB du Royaume-Uni résulta d'un endettement public du même montant. Il en alla de même aux États-Unis. La montée générale de l'endettement fait partie intégrante de la crise actuelle. Phénomène paradoxal, les pays anglo-saxons se sont, les premiers, laissés aller à l'endettement.

Autre exemple, les derniers développements de la saga de la dette américaine sont des éléments clés de la crise actuelle : la dette publique américaine atteint aujourd'hui 130 % du PIB, soit une fois et demie plus que la France. Mais la gravité du cas américain et son caractère quasiment insoluble tient à la dette privée. Depuis plus d'une dizaine d'années, les ménages américains ont compensé la stagnation ou la baisse de leurs salaires réels continue sur la période, par l'endettement pour pérenniser le haut niveau de leur consommation ! L'endettement des ménages américains représente aujourd'hui plus des deux tiers de leurs revenus salariaux ! La dette totale, publique et privée, des ménages, des entreprises et des administrations américains atteint actuellement 350 % du PIB et, en chiffres absolus, plus d'une quarantaine de trillions de dollars. Les monétaristes alliés aux Républicains en sont directement responsables. L'élection de Ronald Reagan en 1980, lança l'Amérique dans une période folle. L'endettement global à l'époque était de 50 % du PIB. Il passa à 190 % vers 1992. Il se stabilisa un peu sous la sage gestion de Clinton. Mais il reprit sa progression, passa à 230 % du PIB sous George Bush fils pour atteindre son niveau actuel de 350 % du PIB. Cet énorme endettement est au cœur des menaces et des déséquilibres mondiaux. L'Europe et ses dettes souveraines constituent seulement une petite partie du problème global, même si elles peuvent servir de détonateurs.

La nécessaire réforme des comportements bancaires

Un dernier aspect du système capitaliste actuel est préoccupant : le comportement de la profession bancaire. Dans une atmosphère générale où le profit a remplacé le salaire comme moteur de l'économie, l'attitude des professions bancaires a changé.

J'ai rappelé au chapitre 1 comment la beauté du slogan « tous propriétaires » a conduit le système bancaire américain à accorder des prêts au logement de manière illimitée, quitte à les accompagner de hausses de taux, les *subprimes*.

L'équilibre du système réclamait qu'on exproprie en cas de difficulté de paiement. En 2007, un million et demi de familles furent ainsi expulsées des logements pour lesquels elles n'arrivaient plus à payer leurs crédits. Cela a provoqué un scandale social. Mais ces expulsions massives n'étaient pas suffisantes. Selon la logique du système et l'état des comptes bancaires, il aurait fallu exproprier quatre millions de familles.

Faute d'ajustement par les expulsions et les expropriations, les créances hypothécaires furent considérées comme non fiables. Les banques américaines auraient dû évaluer les risques, les comptabiliser minutieusement, provisionner les pertes prévisibles et obtenir des autorités bancaires l'approbation du niveau des provisions et l'autorisation de continuer leur activité. Elles auraient ainsi préservé leur crédibilité. Ce ne fut pas le cas.

Les banques américaines s'engagèrent dans une course en avant. Elles inventèrent de nouveaux titres financiers. Un prêt, au lieu de rester au bilan de la banque jusqu'à la date de son remboursement, devint une créance transférable à d'autres banques. Ce fut la technique de la titrisation : les créances furent transformées en titres. Cette technique permit de regrouper des créances de différentes natures dans des mêmes titres. Les banques regroupèrent des créances saines et des créances douteuses. Elles dissimulèrent ainsi, pour un temps, leurs comportements aberrants. Beaucoup de plaintes sont déposées à ce sujet. La justice américaine aura bientôt à décider s'il s'agit là de vol qualifié.

Elles prirent ce parti durant les années 2005-2007. Mais le subterfuge fut dévoilé en 2007. Plus personne ne put mesurer exactement la part des créances douteuses dans le bilan des meilleures banques. Une méfiance généralisée s'installa. Elle conduisit à l'arrêt du crédit interbancaire. Elle pouvait conduire à l'arrêt du crédit tout court. Elle pouvait compromettre l'irrigation de l'économie tout entière. C'est la raison pour laquelle les pouvoirs publics mobilisèrent la garantie publique pour renflouer les banques et éviter le passage d'un krach financier à une récession économique. Ce fut le succès de 2008. Mais les déterminants sous-jacents structurels ne furent pas réglés pour autant.

Les États-Unis et le Royaume-Uni mirent ainsi en jeu, entre 2007 et 2008, des garanties publiques pour dettes bancaires pour environ les trois quarts de la valeur de leur PIB respectif. La zone euro fut un peu plus sage, mais tous ses États membres y eurent recours pour une moyenne de 36 % de leur PIB. Naturellement ces garanties bancaires ne furent pas toutes utilisées. En France, où les banques furent plus prudentes qu'ailleurs, la garantie ne joua que pour Dexia. L'État récupéra donc tous ses fonds augmentés d'intérêts. Mais c'est à peu près le seul cas. Partout ailleurs, encore davantage aux États-Unis et au Royaume-Uni, mais aussi et significativement dans les pays de la zone euro, le tirage sur les garanties publiques aggrava l'endettement public, faisant ainsi apparaître le problème nouveau mais très lourd des dettes souveraines et du risque de défaut de paiement.

Les défis financiers du prochain président de la République

Tels sont les éléments qui, pour 2012, plongent l'économie mondiale dans une totale incertitude. Il faut bien comprendre que, dans une telle situation, un éventuel défaut de paiement sur une dette souveraine en Europe pourrait avoir des conséquences « déflagratoires » sur la survie de l'euro mais ne serait qu'un détonateur au plan mondial. La vraie menace, bien plus grave, est celle d'une déstabilisation ou d'une panique affectant ces dizaines de trillions de dollars en attente de spéculation fructueuse.

CHAPITRE 4

La France dans le maelström de la crise

Les drames français

J'ai jusqu'ici adopté le point de vue d'un citoyen du monde. Il est grand temps d'en revenir à notre cher et beau pays. L'orientation internationale des chapitres précédents s'explique par une conviction qui m'est profonde : pour sortir de la crise, il faut commencer par la comprendre. Et on ne peut la comprendre que si on embrasse sa dimension radicalement mondiale. Mais nous habitons un des plus beaux pays du monde. Ses paysages sont parmi les plus variés et quelques-uns sont parmi les plus superbes de la planète. Son histoire est si riche que peu d'esprits parviennent à la saisir dans son ensemble. La France est sans doute le plus vieil État constitué de la zone européenne. Ses rapports avec le reste du monde, qu'incidemment la France a en partie dominé pendant un siècle et demi, sont tels que le mirage de l'empire perdu ne nous quitte guère. En tout cas, nous avons gardé tout à la fois un excessif centrage sur nous-mêmes et une aptitude constante à nous sentir concernés ou même à vouloir intervenir dans les affaires du monde, même quand nous n'en avons plus ni la taille ni les compétences. Or c'est à l'échelle de la planète entière que les crises s'additionnent. Pas plus qu'aucune autre nation, la France n'a plus les moyens de traiter seule et moins encore ceux de résoudre seule aucune des menaces ou des difficultés que j'ai rapportées au chapitre 1. Mais c'est à l'échelon national que se déroulera la prochaine élection présidentielle. Observons ensemble comment nous pouvons nous y préparer.

La France a réussi à réaliser après la Seconde Guerre mondiale un superbe rétablissement. Elle a aussi su retrouver une dynamique d'évolution démographique favorable. Il s'agit là d'une force réelle pour notre avenir. Malgré ces atouts, notre pays est placé devant des turbulences d'une ampleur inhabituelle. Notre pays ne va pas bien d'un point de vue économique. Il éprouve en outre une difficulté structurelle à se réformer. Or il fait face à quatre problèmes actuels avec lesquels il vit mal : le déficit budgétaire, le déficit commercial, la dette et le chômage.

Le drame de la dette et des déficits

La France n'a plus connu de budget équilibré depuis 1974. Cette difficulté permanente à financer ses dépenses par des recettes s'est dégradée au début du XXIe siècle. En 2010, le déficit budgétaire a atteint des records. Il a à peine diminué en 2011. Nous cultivons la promesse collective de l'améliorer quelque peu d'ici 2013. Mais les étapes de ce chemin ne sont pas bien identifiées. Le prochain président de la République trouvera comme principale entrave à son action l'absence de disponibilités budgétaires pour entreprendre de vraies politiques nouvelles, qu'il s'agisse de rénover l'Éducation nationale ou de lancer une nouvelle politique énergétique.

Au déficit budgétaire s'ajoute, depuis une dizaine d'années, un lourd déficit commercial. Il s'agit d'un drame plus nouveau, car notre commerce extérieur était équilibré au tournant des années 1990. Mais notre solde commercial s'est dégradé constamment durant la décennie 2000.

Notre dette publique se situe aujourd'hui à 84 % du PIB. C'est bien supérieur à la norme acceptée par Bruxelles. Certes, notre dette publique globale est inférieure à celle de beaucoup de pays de l'Europe du Sud et très largement inférieure à celle des États-Unis. Mais elle est supérieure à celle de l'Allemagne, des Pays-Bas et de l'Autriche. Cette dette suit une loi d'augmentation rapide et inquiétante. Elle est d'autant plus préoccupante qu'elle est, pour deux tiers, entre les mains de créanciers étrangers. C'est un élément de fragilité dont ne pâtissent pas les États endettés à un niveau comparable. Le Japon a une dette publique de 200 % du PIB. Mais elle est détenue intégralement par des Japonais. L'Italie a une dette publique de 110 % PIB. Mais elle est détenue par des Italiens à proportion des quatre cinquièmes. La situation de notre endettement est bien plus inquiétante que celle de l'Italie : l'Italie est plus endettée mais elle a réussi à préserver dans la dure décennie 2000 l'« équilibre primaire » de son budget. Autrement dit, la somme de ses recettes couvre la totalité de ses dépenses à l'exception du service de la dette. En France, l'équilibre primaire du budget n'est pas respecté : nous empruntons pour payer notre dette, mais aussi pour régler les traitements des fonctionnaires.

Dans une situation aussi fragile, la réponse de principe est évidente : il faut accélérer la croissance. Mais les déséquilibres mondiaux et l'héritage d'un marché du travail désorganisé rendent l'espoir de croissance relativement faible. Notre croissance du PIB n'atteint guère plus de 1,5 % par an sur la décennie. Depuis quatre ans, son évolution ne laisse pas d'être inquiétante. La perspective pour 2012 était espérée à 1,5 % de croissance. Est-ce réaliste ? Certains instituts évoquent 0,5 %. On commence même à entrevoir la perspective de la stagnation pour 2012. Le Royaume-Uni a abaissé, fin 2011, à 0,9 % sa prospective de croissance annuelle pour 2012. Les grandes institutions économiques mondiales ont restreint leurs perspectives globales. Malheureusement, ce n'est pas un espoir de croissance plus rapide qui nous sortira du drame constitué par le déficit budgétaire, le déficit commercial et la spirale de la dette.

Le drame du chômage et de la compétitivité

La France a sa part du drame global du chômage. Après trente ans de plein emploi, la France connaît aujourd'hui un marché du travail moins détérioré que celui de l'Espagne. Mais il est néanmoins dans une situation difficile avec 9 % de chômeurs dans la population active, 13 % de travailleurs précaires et 5 % de pauvres, c'est-à-dire de personnes exclues du marché du travail. Un petit recoupement entre les précaires et les pauvres diminue quelque peu le total.

La vraie inquiétude du XXIe siècle est la lente détérioration de tous ces aspects de notre performance. Nous sommes placés devant un constat majeur : la clé de la résistance de la France aux turbulences économiques et financières prévisibles est son aptitude à effectuer chez elle les réformes de structures nécessaires pour améliorer la situation. Des réformes sont à l'évidence de la plus grande nécessité, dans beaucoup de domaines de l'économie nationale.

La transformation des abondants résultats de notre recherche scientifique en possibilités industrielles se fait mal. Notre taux d'échec scolaire est encore trop important, même s'il a été réduit de moitié en trente ans. L'Allemagne réussit deux fois mieux que nous en matière d'apprentissage professionnel de la jeunesse. La Finlande a construit un système scolaire beaucoup plus performant que le nôtre. Voilà des chantiers de réforme cruciaux.

Une des difficultés majeures de la France, dans l'ordre économique, concerne l'activité de ses petites et moyennes entreprises (PME) et dans les petites et moyennes industries (PMI). Certes, la France dispose d'un ensemble de grandes entreprises internationales de première puissance : on en compte une quinzaine dans les cent premières entreprises mondiales. Certes, la France est dotée d'une honorable natalité d'entreprises nouvelles. Mais l'activité économique est réduite dans les PME ou les PMI de taille intermédiaire. Les firmes qui emploient entre cinq cents et trois mille salariés sont presque inexistantes en France à l'exportation. C'est pourtant ce type d'entreprises qui fait aujourd'hui le succès de l'Allemagne. Les grosses PME-PMI contribuent pour la moitié aux exportations germaniques.

Sursaut national et autoréforme

Le drame de la compétitivité est-il fatal ? Certainement pas. Ces tendances sont-elles réformables ? Naturellement oui. Mais la clé résidera dans la capacité d'autoréforme de notre pays. Les grands succès viennent des bonnes réformes.

Au cours de la décennie 1990, le Canada a connu un effondrement économique en raison d'une crise financière d'une gravité rare. Il a su la surmonter. Il est aujourd'hui rassuré. Dans les quatre pays nordiques, la décennie 1990 avait été marquée par ce qu'on a appelé trop vite la « crise de l'État providence ». Notre presse s'était alors presque réjouie de la fin d'un modèle de société qu'on pouvait jalouser. La Suède et le Danemark ont su effectuer des réformes de haut courage politique. Le redémarrage a été foudroyant et durable. L'Allemagne, à la fin du siècle précédent, donnait l'impression d'un tassement. Elle connaissait une dégradation de ses performances à l'export. Un chancelier social-démocrate, Gerhard Schröder, a su conduire une bataille terrible. Il a accompli un certain nombre de réformes dont le résultat fait la santé de l'Allemagne aujourd'hui. Le pays est parmi les tout premiers exportateurs mondiaux, s'il n'est pas le premier, malgré une démographie en déclin.

Un pays du niveau de culture professionnelle de la France a toutes raisons d'être capable du même effort sur soi-même. Mais on peut douter de l'imminence de cette réforme. J'aurais pu consacrer le présent livre aux politiques publiques destinées à répondre aux crises qui nous menacent. Je me serais inscrit dans une démarche de court terme. Mais, concernant les besoins de notre pays, je ne crois plus à l'action de court terme. Le prochain quinquennat sera régi par l'exigence de mettre le temps de son côté, quoi qu'il arrive. Le prochain président de la République aura le devoir de s'occuper des réformes longues qui n'ont pas de substitut et qui sont les conditions du réveil de notre pays.

La France a de profondes difficultés à se réformer. Cela s'observe dans le déroulement de notre vie politique. Je pense que peu de démocraties développées contemporaines affichent en deux décennies autant de renoncements gouvernementaux que la France. Souvenons-nous : le Contrat de première embauche (CPE), le SMIC jeune, les espoirs réformateurs du grand discours d'Alain Juppé de 1995, le premier échec de la fusion des services fiscaux à la fin des années 1990, la taxe carbone, la lenteur de la progression de la parité dans l'organisation de la vie publique, les politiques d'intégration, la multiplication des réformes dans l'ordre de la sécurité, etc. La liste fait impression. Le malheur est qu'elle n'est pas close. Derrière ces échecs répétés, il y a des causes constantes.

Relevons à nouveau l'exécrable qualité du débat public sur la réforme en France. Par une espèce d'accord implicite, l'opinion publique n'appelle « réformes » que des actes législatifs vigoureux hautement symboliques et durement conflictuels. Toute idée de changement ne remplissant pas ces conditions ne sera pas honorée du nom de « réforme ». La France n'accorde d'attention qu'à ce qui touche ce genre de débat. Elle est indifférente ou pis, ignorante, de ce qui change lentement et ne se voit guère.

Contre le déclinisme

L'envie de rire me prenait quand, il y a quelques années, faisait rage le débat sur le déclin national. Les « déclinistes » accumulaient des informations consternantes sur l'état du pays. Je les évoque moi-même dans le présent ouvrage. Mais les « déclinistes » oubliaient que la France est, avec l'Irlande, l'un des rares pays européens à renouveler sa population. Ils oubliaient le nombre de grandes entreprises françaises dans le Top 100 des groupes : une quinzaine aujourd'hui contre zéro dans les années 1960. Ils oubliaient les résultats considérables de notre recherche scientifique qui s'honore de prix Nobel et de médailles Fields.

Ils oubliaient de mentionner les considérables succès industriels qui nous soutiennent depuis vingt ans : électricité nucléaire, Airbus, Ariane, TGV. Ils oubliaient que les travailleurs de France sont ceux qui ont la meilleure productivité horaire.

De plus, quand la France considère sa réforme exclusivement à travers le travail législatif, elle oublie tout ce qui change par le décret, par le contrat, par la convention collective, par la négociation, ou par la jurisprudence de nos tribunaux.

Un exemple typique est la lutte contre l'échec scolaire. Nous vivons aujourd'hui une manière de rage qui fait de l'Éducation nationale une des responsables du chômage, alors que celui-ci est, de manière évidente, le résultat de l'évolution du capitalisme. On ne note pas que l'échec scolaire a diminué de plus de moitié en quelque vingt ans. Évidemment, aucun journal ne fera un titre sur la diminution de l'échec scolaire de 0,5 % durant telle ou telle année.

Il en va de même de notre meilleure chance d'avenir, la démographie. Elle ne fait pas l'objet d'une exposition médiatique. Il faut 2,1 enfants par femme pour qu'une population se renouvelle et ne diminue pas. Les États-Unis, terre d'immigration, dépassent ce chiffre. La Chine vient de passer bien en dessous de ce niveau. Mais cela lui posera des problèmes massifs dans trente ans seulement. La moyenne européenne est de 1,6 enfant par femme. L'Allemagne est en dessous de 1,3 enfant par femme. Cela veut dire que, dans quatre siècles, il n'y aura plus d'Allemands, si la tendance ne s'inverse pas. C'est une angoisse collective qui pèse sur le pays. L'âge moyen est en augmentation constante. Les valeurs du dynamisme sont éclipsées par celle de la sécurité. Au rebours de toutes ces tendances, la France préserve le taux de renouvellement de ses générations. Cela nous assure une pérennité presque unique en Europe.

Pourquoi cette situation ? On ne le sait guère. Le mystère est presque complet sur cette tendance lourde. L'année qui marque le début de cette tendance est 1943. C'est peut-être l'obscure réaction d'un peuple défait pour préserver sa survie. D'autres facteurs jouent. La France arrive à scolariser 95 % de ses enfants avant l'âge de trois ans, ce qui est une garantie de socialisation bien meilleure que chez nos voisins. La France offre de nombreuses places de crèche ou de garderie : pour dix mille habitants, plus du double de la moyenne européenne. Elle soulage ainsi les parents de façon sensible. La France dispose, avec le quotient familial, du meilleur instrument fiscal d'incitation démographique. Elle possède également un très bon système d'allocations familiales. Dans le droit du travail, la loi et les conventions collectives sont généreuses en matière de congés maternité et paternité. Il n'est pas improbable que cela coûte, par an, entre 1,5 et 2 % du PIB que nous retrouvons dans notre déficit. Mais cela nous ouvre des perspectives sur le long terme. Comme Premier ministre, je me suis montré acharné à réduire mon déficit budgétaire. J'y suis en grande partie parvenu. Mais je n'ai jamais repris les propositions visant à limiter le coût, pour les finances publiques, des soutiens à la démographie. J'ai rejeté toutes les propositions visant à réduire les dépenses publiques dans ce secteur. Un exemple peut être éclairant. Le coût de la formation d'une assistante maternelle est double de celui de la formation des instituteurs en raison des formations à l'hygiène ou la psychologie infantile que ces fonctions nécessitent. Quand on me proposa de substituer des instituteurs aux assistantes maternelles, et d'économiser deux à trois milliards d'euros, je rejetai ce plan d'action et interdis qu'on me le représentât.

Les difficultés de la France à se réformer se voient également dans le domaine de l'entreprise. Nous sommes un peuple de paysans, de notaires et de militaires. Par respect pour la science, nous sommes aussi un peuple d'ingénieurs. Mais nous ne sommes pas un peuple d'entrepreneurs et de marchands. Ce trait du tempérament collectif, que la géographie explique encore mieux que l'histoire, nous a beaucoup coûté au cours des siècles. Mais il est en train de changer. Nous sommes résolument engagés dans la « révolution managériale ». Elle se manifeste clairement dans le secteur privé. Les discussions et les auditions auxquelles ont donné lieu l'emprunt national pour l'avenir ont livré des découvertes stupéfiantes pour moi et pour beaucoup de ceux qui y ont participé. Cette mutation est amorcée, elle est porteuse d'avenir et elle éteint la perspective du déclin si souvent agitée. Notre pays n'est pas en déclin. Il est très gravement entravé par quatre blocages décisifs mais circonscrits et réparables. La quasi-absence de dialogue social, l'ankylose de l'appareil d'État, l'indifférence au monde extérieur et la tendance à l'autodénigrement. Subsistant trop longtemps, chacun d'eux peut étouffer le pays. Leur traitement est possible si le diagnostic est partagé. Vu son importance, son origine, c'est principalement du blocage du dialogue social que je vais traiter ci-dessous.

La faiblesse du dialogue social

Notre pays souffre de l'absence presque complète de dialogue social. Dans les quatre pays nordiques, le statut d'un salarié est à plus de 90 % le résultat de dispositions conventionnelles ou contractuelles. Le reste appartient à la loi. En Allemagne et en Autriche, les lois ne définissent que la moitié des conditions de travail des salariés. En France, les lois régissent tout ou presque. La part laissée au contrat et à la convention est minime en matière de congés, de formation, d'hygiène et de sécurité.

Pourquoi cette primauté du légal sur le conventionnel et le contractuel ? La raison factuelle est bien connue. Il s'agit de la faiblesse des interlocuteurs syndicaux et patronaux en même temps que de leurs divisions. Leur faiblesse mine leur représentativité. La France compte aujourd'hui un peu moins de 9 % de sa population salariée syndiquée. Il faut comparer ce taux aux 70 % des quatre pays nordiques et aux 50 % de l'Allemagne et de l'Autriche, aux 30 % du Royaume-Uni mais aussi aux 30 % de l'Italie et de l'Espagne où pourtant des régimes fascistes ont essayé d'éradiquer le syndicalisme pendant des décennies. La faiblesse des syndicats n'est pas liée à une appartenance religieuse ou à une sociologie collective évidente. Elle est le produit de notre histoire. La faiblesse du paysage syndical français s'accompagne de sa division. Les 9 % de syndiqués français se partagent entre six confédérations, CGT, CFDT, FO, CGE-CGC, CFTC, UNSA, auxquelles s'ajoutent des organisations en cours de reconnaissance comme Sud.

Les choses vont mieux du côté patronal. La révolution interne du CNPF a abouti à la transformation de l'organisation en Medef. Il a massivement changé, à son profit, le rapport de force qui le confrontait à la CGPME.

Le tableau ne serait pas fidèle si on omettait que d'innombrables professions sont organisées autour de syndicats autonomes échappant à toute discipline collective.

La conséquence est évidente. La confrontation d'un grand patron ou d'un ministre avec la diaspora syndicale ne peut avoir de sens. Le face-à-face doublement collectif est par avance rendu impossible. La compétition est telle entre les organisations qu'aucune d'entre elles ne peut accepter de laisser une autre prendre l'initiative ou le *leadership* dans la conduite d'un processus susceptible de conduire à des accords entre salariés et employeurs emportant un bénéfice capitalisable dans les élections professionnelles.

Les particularités du dialogue social en France s'illustrent également dans la nature de la grève. Partout ailleurs en Europe, le syndicalisme est unifié. Le DGB en Allemagne est la grande maison des salariés. Elle rassemble 40 % des salariés. Son instrument de pression est la grève. Souvent la menace, même sans passage à l'acte, suffit à ouvrir et à gagner des négociations. Le résultat est là : la grève est rare et elle est une décision syndicale suivie d'effet. Et elle fait mal.

Le cas français est bien à part. L'essentiel des syndicalistes est dans le secteur public. Le mouvement syndical a disparu du secteur privé. Aucune organisation syndicale n'a assez d'autorité pour lancer des mouvements de grève puissants. On se contente de journées d'action ou de grèves symboliques d'une heure. La vraie grève existe, surtout dans le secteur public, et est récurrente. Mais elle est presque toujours déclenchée par des non-syndiqués. C'est une protestation spontanée. L'arme redoutable de la grève est donc utilisée en l'absence de puissance collective capable de négocier, de discipliner et de positiver un conflit. Partout ailleurs, une grève est un appui à la négociation. En France, la grève est une colère qui n'affiche pas d'objectifs négociables.

Il est en outre des professions stratégiques où les agents les plus nécessaires à l'activité du service sont regroupés dans des syndicats autonomes. Ils n'appartiennent donc pas aux grandes confédérations et ont, de ce fait, des pratiques nettement plus contestataires que négociatrices. C'est le cas du secteur des transports que les Français, hélas, connaissent bien.

Les origines du mouvement syndical français

Il vaut la peine de revenir sur cette situation car elle nous est hautement préjudiciable. Elle appelle un traitement de la part des institutions de la République. Le capitalisme prend partout son essor au XIXe siècle. D'un point de vue social, il débouche sur d'immenses innovations : la très grande entreprise, les concentrations de masses ouvrières, la globalisation des accords (et des désaccords) sur les conditions de travail et l'émergence de grandes fortunes. Tout au long du XIXe siècle, on apprit à la fois la croissance, le profit et le commerce international. On apprit du même coup la souffrance ouvrière, la grève et la négociation. C'est au cœur de cette période, en 1870, que se produit la guerre franco-allemande. L'État de Napoléon III s'effondre et les Prussiens s'approchent de Paris. Le personnel municipal de la ville entreprend alors de se charger de la fonction de défense nationale qui n'a plus de titulaire. Pour faire confirmer ce choix, la municipalité sortante organise de nouvelles élections. Les gagnants de ces élections sont les artisans et les compagnons, c'est-à-dire les ouvriers alphabétisés de l'époque. La Commune est sociale. Adolphe Thiers, président du gouvernement, négocie à n'importe quel prix l'accord avec les Prussiens. On a su depuis que les Prussiens eux-mêmes furent surpris par l'ampleur des concessions auxquelles le gouvernement établi à Versailles était résolu. L'objectif était de gagner du temps pour juguler le plus rapidement possible le mouvement ouvrier et social de la Commune. Les Versaillais bradèrent l'armistice pour se lancer dans la guerre civile. Ils prirent Paris dans un bain de sang volontaire : ils firent vingt-cinq mille fusillés et envoyèrent vingt-cinq mille déportés vers les bagnes de Guyane et de Nouvelle-Calédonie.

Les conséquences de la fin sanglante de la Commune furent considérables : l'élite cultivée de la classe ouvrière disparut pour plus de trente ans. Précisément au moment où le reste de l'Europe reconnaît les syndicats. Durant ces trois décennies, les puissances économiques et les pouvoirs politiques prennent l'habitude de négocier avec les salariés et leurs organisations. Mais, en France, dans la même période, la Troisième République connut un essor économique sans précédent dans l'absence totale d'interlocuteur syndical et donc de préoccupations sociales. Là où les autres pays prirent l'habitude de la négociation, le patronat français connut le commandement absolu. Il eut des rapports uniquement avec l'État. Il fut impossible de faire traiter des questions sociales par une voie contractuelle, faute d'interlocuteur et de méthode de négociation. Les rares éléments de progrès social passèrent donc par la législation.

Le patronat français devint autoritaire et la classe ouvrière devint anarchiste. Les syndicats furent très longtemps interdits. Ils finirent par émerger bien plus tard que partout ailleurs. L'organisation collective de la classe ouvrière commença sous la forme d'une multiplicité de coopératives d'embauche créées par la classe ouvrière pour se débarrasser des loueurs d'hommes. Elle fut donc d'abord une confédération des bourses du travail et finit par se transformer en Confédération générale du travail (CGT) en 1895, c'est-à-dire très tard. À sa naissance, la CGT relevait du modèle européen. Elle était un syndicat presque unique et énorme avec plus d'un million et demi de membres. Pourtant, elle se définit comme anarcho-syndicaliste. Le mot d'ordre de ce syndicalisme était issu de l'expérience cuisante de la Commune. Comme l'a rappelé la philosophe Simone Weil, observatrice éclairée de cette histoire, les anarcho-syndicalistes adhèrent tous à l'idée : « Dès que nous levons la tête ils nous fusillent. » La perspective de faire évoluer le système était exclue. Le souvenir de la Commune jouait. Les comportements quotidiens aussi. La CGT se choisit une stratégie révolutionnaire, donc au jour le jour contestataire et très politique, mais pas négociatrice.

L'histoire du mouvement social eut une incidence profonde sur l'échiquier politique. Lorsque, quarante-trois ans après l'Allemagne, la France se dote, en 1905, d'un Parti socialiste, elle n'établit pas la passerelle, traditionnelle en Europe du Centre et du Nord, entre syndicalisme et parti. En 1906, au congrès d'Amiens, fait unique en Europe, la CGT prononce son divorce avec le mouvement social-démocrate. La charte d'Amiens proclame que la souffrance ouvrière ne peut trouver sa fin que par l'appropriation collective des moyens de production et d'échange. Et elle affirme que cette réforme ne peut pas se faire par la voie parlementaire. Selon la charte d'Amiens, il revenait au mouvement ouvrier de réaliser cette révolution qui ne pouvait commencer que dans les entreprises où se situaient justement les syndicats mais pas les partis politiques. Cette charte proclamait bien haut l'inutilité des partis politiques. En France, le Parti socialiste était, à ses yeux, condamné d'avance à ne pouvoir passer, dans des parlements bourgeois, que des compromis déshonorants.

Les questions du mouvement syndical français

La condamnation des partis politiques est restée dans les mœurs. Ses conséquences sont encore bien vives en France. Dans notre pays, les syndicats se considèrent comme dépositaires de l'évolution de la société. Le mouvement syndical n'accepte de dépendre d'aucune organisation qui prétendrait œuvrer à une évolution majeure de la société. C'est lui qui définit le projet de société pour lequel il entend combattre. De ce fait, le mouvement syndical se saisit des problèmes graves qui, ailleurs en Europe, étaient traités par les partis politiques socialistes ou sociaux-démocrates. Les questions auxquelles le syndicalisme français se sentit appelé à répondre font comprendre son histoire.

Première question : que faire de Dieu dans l'organisation de la vie sociale ? Pour n'importe quel syndicaliste européen, ce problème relève du parti. On protège l'unité syndicale en confiant ce redoutable pouvoir au parti. En France, le syndicalisme s'obligeait à choisir. Une scission se manifesta en son sein. Les travailleurs chrétiens s'organisèrent dans des institutions distinctes. Au final, l'effet fut analogue à celui d'une scission. D'abord réduites, les organisations de salariés chrétiens finirent par devenir des syndicats importants à travers la CFDT. Celle-ci est maintenant la plus grosse organisation du mouvement syndical français.

La deuxième question fut posée au syndicalisme européen par un certain Lénine. Chef d'une fraction du « parti ouvrier social-démocrate russe », il prit le pouvoir et plaça ses camarades de la IIe Internationale socialiste devant son propre constat : « Si vous voulez arriver au pouvoir, la négociation ne compte pas, seule la force de la classe ouvrière a des chances de succès. » Lénine proposa une nouvelle organisation politique. Elle fut refusée à l'unanimité par les partis membres de l'Internationale sauf un. C'est la France qui se singularisa. À Tours, en 1920, le Parti socialiste réuni en congrès décida à 80 % des voix de se transformer en Parti communiste. Un effacement durable de la social-démocratie en France en résulta.

Du côté syndical, partout en Europe sauf en France, la proposition de Lénine sur le coup d'État fut traitée par les partis et partout rejetée. Les syndicats ne la considéraient pas comme de leur ressort ou de leur compétence. Nulle part le léninisme ne déchira les syndicats, sauf en France. La CGT se sentit appelée à choisir. Elle se scinda dès les années 1920. Après bien des avatars, cela donna naissance à Force ouvrière (FO).

Troisième question : la population de l'encadrement peut-elle se reconnaître dans le mouvement syndical ? Partout en Europe, la réponse est positive. Quand le mouvement des salariés se limite à faire pression et à engager la négociation pour l'amélioration des conditions de travail, les cadres y ont toute leur place. En France, le problème devient : « Quelle société voulons-nous faire ensemble ? » Les cadres n'ont pas ressenti qu'ils avaient leur place dans la société ouvrière rêvée par la CGT. Les cadres français se sont donc sentis obligés de se regrouper au sein d'institutions *ad hoc* séparées du mouvement des ouvriers et des employés.

Voilà comment, progressivement, la France se plaça dans l'impossibilité de faire dialoguer les partenaires sociaux. Naturellement, la France a connu un progrès social comparable à celui des autres pays développés. Mais elle n'y est parvenue que par la loi. Or la loi est un instrument trop uniforme et finalement trop brutal pour s'adapter aux situations particulières. Son élaboration n'appelle de consensus qu'au niveau du Parlement et non dans les structures sociales concernées.

Le vocabulaire syndical a à peine évolué depuis sa création. Les syndicats sont devenus timides par impuissance. Mais ils sont toujours convaincus qu'ils sont en charge de la transformation de la société. Ils refusent toute coordination durable avec un parti politique. Le résultat pratique est que la réunion des représentants syndicaux d'une profession, d'un secteur ou d'une entreprise est incapable de conduire une négociation et de porter un projet. Les faits sont têtus : l'infirmité de la loi à régler des problèmes complexes et détaillés du monde du travail est patente. Le besoin de dégager des évolutions grâce au consensus à l'intérieur de l'entreprise est, lui aussi, évident.

La seule manière de procéder pour dégager des consensus consiste à éviter les « grands-messes ». Mais il y a la télévision. Pour elle, qui ne sait rien de tout cela et ne peut pas faire le détail, les « grands-messes », les grandes réunions intersyndicales avec les employeurs ou l'État sont l'unique expression du dialogue social. Leur suppression est un refus de démocratie. On continue donc pour cette raison et sous cette pression. Mais chacun sait, de part et d'autre, que le seul moyen d'arriver à un résultat est de procéder par négociations bilatérales discrètes. Il faut arriver à les conduire pour aboutir à des relevés de décision convergents.

Il est tout de même quelques cas de réformes d'importance nées de la contractualisation : l'instauration des assurances retraite complémentaires et l'assurance chômage ou Unedic. Ces résultats sont malheureusement très rares.

Les réformes des retraites et la faiblesse de la culture de la négociation

Il me faut ici évoquer brièvement l'histoire de nos réformes des retraites. Elle éclaire l'essence de notre syndicalisme. On retiendra simplement que la Suède et l'Allemagne ont réussi à porter l'âge moyen de prise de retraite jusqu'à soixante-sept ans. Pour réaliser cette réforme, elles ont consacré plusieurs années à la négociation. La réforme suédoise a pris sept ans. La France n'a jamais entrepris cette réforme que par la loi. L'utilisation de cet instrument a provoqué, à chaque tentative, une colère salariale débouchant dans la rue. Telle est la raison de trois ou quatre échecs successifs et de un ou deux demi-succès. Lors du dernier épisode – demi-succès à l'évidence –, l'État s'était donné quatre mois pour arriver à un projet de loi acceptable !

Lorsque j'étais Premier ministre, j'avais, pour ma part, tenté une approche différente. Elle avait consisté à obtenir l'accord des partenaires sociaux sur un principe de procédure comportant quatre étapes. Première étape, la recherche d'un accord, entre les partenaires sociaux et l'État, sur le diagnostic. Deuxième étape, la divulgation nationale des éléments du diagnostic grâce à l'ouverture d'un débat décentralisé sur les enseignements et les conclusions du diagnostic. Ce débat – plus exactement ces débats – devait se tenir dans les chambres de commerce et d'industrie, les bourses du travail et les préfectures. Troisième étape, l'ouverture d'une négociation tripartite. La confirmation législative et l'extension de l'accord trouvé ne devraient constituer qu'une quatrième étape. J'eus la joie d'obtenir l'accord des partenaires sociaux patronaux et syndicaux, CGT exceptée, sur cette méthode. L'accord de principe permit de débattre suffisamment longuement pour obtenir un diagnostic partagé sur les besoins des régimes de retraite. Il fut établi sous l'égide du Commissariat général du Plan. Il m'a été donné de lancer le dialogue national sur les retraites. Il fut mené dans tous les départements de France par une « Mission du dialogue sur les retraites » conduite par un dirigeant syndical, le secrétaire général des cadres de Force ouvrière (FO), appuyé par quatre hauts fonctionnaires spécialistes de ces questions. Mon idée était de faire durer ce débat deux ans, de manière que plus aucun responsable syndical ou patronal, national ou local ne puisse plus jamais nier l'essentiel des chiffres.

Malheureusement, mon gouvernement eut une durée de vie trop courte pour mener à terme ce processus de réforme des retraites en quatre étapes. Mon successeur, Édith Cresson, interrompit cette démarche de longue haleine. Rien n'évolua en matière de retraites dans les deux années qui suivirent. Édouard Balladur, nommé Premier ministre en mai 1993, constatant que la détérioration des comptes accentuait l'urgence d'une réforme, mais que le dialogue national sur les retraites avait produit au moins un consensus sur les besoins de réforme, décida de régler la question par le décret et par la loi. Il résolut ainsi à peu près la moitié du problème. Ce faisant, il assura l'équilibre comptable de la Sécurité sociale pour une dizaine d'années. C'était nécessaire. Mais pas suffisant. Il ne put aller au fond du problème, précisément parce qu'il avait décidé de passer en force. En coupant court au temps long de la négociation, Édouard Balladur prit la responsabilité de disqualifier les cadres syndicaux qui s'apprêtaient à mener les discussions des deux côtés et qui imaginaient progressivement les concessions nécessaires. Tout le syndicalisme français se trouva conforté dans sa tendance historique à se méfier des négociations. Pour eux, l'attitude d'Édouard Balladur démontrait qu'il n'y avait pas lieu de négocier. Seule la contestation est efficace puisque l'État décide de tout.

La réforme partielle de François Fillon continua le travail de réforme des retraites. Mais en l'absence de négociation, la France put se livrer à son goût de la protestation et de la colère collective. Elle trouva le moyen, à propos de cette réforme, de susciter une crispation nationale autour d'un symbole, l'âge du droit à la prise de retraite. Il n'est d'aucun effet pratique. Les discussions auraient dû se concentrer sur les taux et les durées de cotisation, qui conditionnent le moment où la retraite complète est assurée ! Cela nous valut au moins deux jours de grève générale, une diminution subséquente de notre PIB et une aggravation du chômage. Loin du pragmatisme indispensable dans ce domaine, la France se consuma dans une bataille symbolique. Elle ne se déchira pas sur l'âge réel de prise de retraite qui est le résultat des calculs de chaque individu. Elle se passionna pour l'âge légal. Or l'existence d'un âge fixé par la loi pour le droit à la prise de retraite n'existe pas ailleurs en Europe. Sa fixation revêt un intérêt politique important mais a un intérêt pratique quasiment nul.

J'adore mon pays.

Je n'en changerais à aucun prix.

Mais, quand on regarde le mouvement de réforme des retraites depuis vingt ans, on voit qu'il est nécessaire de le débarrasser de ses bizarreries. Cela exige une restauration de l'autorité des partenaires sociaux. C'est presque aussi vrai du côté patronal que du côté syndical. En tout cas, des mesures sont nécessaires pour améliorer les fondamentaux du dialogue social en France. Rendons possible l'établissement d'une représentation syndicale collective pour les PME-PMI. Autorisons le prélèvement des cotisations syndicales sur le bulletin de paie. Favorisons la multiplication des appuis, notamment fiscaux, aux services collectifs rendus par les syndicats : tickets-restaurant, chèques-vacances, chèques de rentrée scolaire, organisation de vacances collectives, etc. L'établissement d'un puissant syndicalisme de services est une urgence. La réforme récente de la représentativité syndicale est un acte essentiel. Mais elle ne peut produire tous ses effets, potentiellement majeurs, que très lentement. Il n'existe pas de raccourcis pour l'histoire du mouvement social. Elle va probablement faire émerger des structures syndicales plus responsables et donc plus capables de négocier le traitement de la réalité. Tout cet effort doit s'accompagner d'une explication insistante, auprès du monde patronal, de la nécessité à avoir un interlocuteur syndical puissant, responsable et mobilisateur.

L'ankylose de l'appareil d'État

La paralysie des administrations étatiques constitue un blocage préoccupant pour la France. Elle est tellement visible qu'elle est aujourd'hui largement reconnue comme un problème de gravité nationale. Là encore, les clés du blocage sont identifiées. L'absence de dialogue social produit ses effets délétères aussi à l'intérieur des administrations. Dans le monde entier, toute administration centrale est fondée sur la méfiance. La méfiance est de règle vis-à-vis de l'administré : il est un sujet avant d'être un citoyen. La méfiance est de mise vis-à-vis des comportements déviants. Telle est la raison de la multiplication des contrôles exercés par les administrations sur les administrés.

Ce penchant mondial à la méfiance est plus développé en France qu'ailleurs. Deux évolutions historiques soutiennent cette aggravation. Beaucoup d'États européens sont nés de communautés linguistiques sorties de la longue misère médiévale par le commerce et notamment le commerce par voie d'eau. Ces pays ont créé leurs États respectifs quand ils en ont eu besoin pour des raisons commerciales et militaires, le commerce international ayant pris une importance majeure. Ces États sont souvent tardifs : l'Italie et l'Allemagne ont été unifiées au XIXe siècle. Comme l'État britannique s'est constitué au XIVe siècle, on peut considérer que l'État français est le plus ancien du continent. On fait souvent état de l'ancienneté des royaumes espagnol et portugais en évoquant le temps de leur splendeur, le XVe siècle marqué par la découverte de l'Amérique. Ils ne se sont pourtant pas conduits en États mais en royautés féodales, prédatrices de leurs territoires. Ils ne bâtirent pas un ordre législatif et institutionnel. Leur déclin consécutif à leur endormissement causé par l'or et l'argent de l'Amérique latine n'a laissé que des possessions féodales et non des États constitués.

La France est le plus anciennement constitué de tous ces États européens. Point n'est besoin d'en faire remonter la création au baptême de Clovis. C'est Philippe IV le Bel, au tournant des XIIIe et XIVe siècles, qui érigea un véritable État en France en termes de conception juridique et d'organisation administrative. Mais déjà ses prédécesseurs avaient fait, en trois siècles, du petit royaume une puissance militaire. Nos quarante rois réussirent à élargir leur domaine jusqu'à de nombreuses terres où on ne parlait pas le français. Près de 80 % des populations du royaume d'Henri IV ne parlent pas français. La construction de la France se lit militairement : c'est la destruction, par l'appareil militaire de nos rois, de nos empereurs et de nos républiques d'une demi-douzaine de cultures voisines. J'appelle culture la conjugaison entre une langue et une façon de prier. Récapitulons : ni la Bretagne druidique, ni l'Occitanie cathare, ni l'Alsace protestante, ni la Corse, ni la Flandre dont Lille était la capitale et parlait flamand, ni le Pays basque, ni la Savoie n'étaient francophones. En 1914, seulement un quart des conscrits parlait français.

De cette histoire marquée par la conquête est résultée une immense méfiance des appareils étatiques centraux, qu'ils soient royaux, impériaux ou républicains, envers l'irrédentisme des provinces, évidemment toujours soupçonnées de vouloir échapper au carcan où elles furent militairement intégrées.

La société civile étouffée par l'État

La nation ainsi progressivement constituée est très diverse. Pour mieux la mesurer, le rappel de quelques enseignements majeurs de la sociologie peut être éclairant.

Toute collectivité humaine, pour devenir pérenne et « faire société », comme on se met à dire de nos jours, a besoin de s'organiser selon deux axes, l'un vertical, l'autorité, qui qualifie la relation entre le centre et la périphérie, entre le chef et ceux qu'il commande, l'autre horizontal, qui qualifie les relations entre les membres de cette collectivité, qu'elles soient voulues comme égalitaires ou acceptées comme inégalitaires. L'autorité et l'égalité sont à coup sûr les conditionnements les plus déterminants de toute vie en société. Émile Durkheim et, près d'un siècle plus tard, Emmanuel Todd, en ont étudié l'émergence, la substance et le mode de transmission. Ces références sociales sont si fondamentales qu'elles se découvrent, s'apprennent et s'instituent dès la petite enfance. Elles relèvent des structures familiales et on plaque sur la société globale le type d'autorité qu'on reconnaît en famille. On espère y retrouver le degré d'égalité et d'inégalité entre les citoyens qu'on a vécu et accepté dans sa propre fratrie.

Entre l'autorité paternelle absolue, incluant le choix des conjoints des enfants et l'autorité « libérale » laissant faire, la différence est énorme. Culturellement, elle qualifie le degré d'autorité consentie au chef central, c'est-à-dire à l'État. Il en va de même de l'égalité. Là où on la souhaite absolue et de rigide observance entre les frères, on est porté à souhaiter que l'État l'établisse entre les citoyens… naturellement ces critères se combinent.

La quasi-totalité des communautés linguistiques devenues États en un millénaire en Europe correspondent à des structures familiales homogènes. Le rapport ressenti et voulu au père comme à l'autorité centrale est le même, libéral dans les îles Britanniques comme en Scandinavie et en Flandre, autoritaire dans les communautés germanophones. De même, le critère de l'égalité est de manière homogène ressenti comme indifférent ou non pertinent dans bien des communautés notamment anglophones alors qu'il exprime une exigence très forte dans d'autres.

La France est le cas unique en Europe d'une nation rassemblant des peuples relevant de quatre types différents de structures familiales. Il n'y a pas d'exemple de vrai consensus sur la recherche intermittente par l'État d'une diminution des inégalités. Mais surtout, et cela pèse sur notre destin, nous n'avons jamais réussi à nous mettre d'accord sur la nature et le champ de l'autorité centrale ni sur les modalités du choix du patron. Quarante rois, deux empereurs et cinq républiques, la dernière tout récemment enrichie d'un débat sur une sixième, n'y ont pas suffi.

Cette division profonde, socioculturelle et récurrente, destructrice de tout consensus, a entraîné ce résultat que, dans tous les domaines et sur tous les sujets, c'est l'État et tout particulièrement le vote parlementaire qui fait la décision et que la décision s'applique d'abord par la contrainte.

Dès l'époque de nos rois, l'appareil administratif ne tient que par la police et par la centralisation. Très tôt, les rois ont doublé les grands nobles par des intendants fonctionnarisés, parfois d'extraction bourgeoise. L'Empire et la République ont poursuivi la centralisation. La jeune République crée les conventionnels en mission et Napoléon crée les préfets. À travers ces réformes, ces institutions et ces fonctions, la France a toujours réduit, plus que tout autre pays, le pouvoir de ses collectivités territoriales. À population comparable, Stuttgart et Lyon ont des destinées politiques et administratives bien différentes. Le budget de Stuttgart est quatre fois celui de Lyon. Les collectivités allemandes ont appris à construire leurs hôpitaux seules, sans l'aide ou l'ingérence de l'État central. En France, c'est la mendicité budgétaire auprès de l'État central qui fait le développement local. La centralisation de la France se traduit par d'autres données : la France a gardé, tout au long de l'histoire, le plus grand nombre de policiers pour dix mille habitants de l'Europe. Même l'Espagne franquiste n'avait pas un taux d'encadrement policier aussi fort. En conséquence, la société civile est évincée par l'État. Écrasée par le monolithisme étatique, la société civile ne présente plus d'éléments de résistance, d'autorité ou de responsabilité.

Tout concourt à créer un État tout-puissant et apoplectique. Tout revient à lui. On attend même de lui l'octroi des bureaux de tabac, des décorations, des pensions d'anciens combattants ou encore des permis de conduire. Mais c'est un État qui ne discute pas avec sa propre fonction publique. Quand, au XIXe siècle, un ministre a signé une première convention collective avec son personnel pour programmer des augmentations de traitement étalées dans le temps, le Conseil d'État l'a annulée. Le motif était impérieux : la souveraineté appartient au seul Parlement. Aucune fraction du peuple ne possède la souveraineté. Même un ministre, commis éminent de la République, ne peut lier pour l'avenir les mains du souverain, le Parlement. Tout engagement de l'État envers ses sujets est illégal. Sur la question des conventions salariales, la justice administrative a, plus tard, distingué entre les engagements d'État de droit public et les engagements d'État de droit privé. Cette distinction est capitale. Les engagements d'État de droit public sont nuls par principe sauf s'ils concernent un État étranger, c'est le cas des traités. Les engagements d'État de droit privé sont, eux, acceptés. C'est à la faveur de cette distinction que j'ai pu établir les contrats de plans entre État et régions. J'ai fait en sorte que ces contrats de plan, si importants dans la vie des collectivités locales, soient considérés comme des engagements d'État de droit privé. Ainsi ai-je pu contribuer à une restauration de la dignité de nos régions et, à travers elles, de nos collectivités territoriales dans un tel processus. En fait, il s'agit là d'une revigoration de la société civile jusque-là annihilée par l'État et à qui il faut bien des partenaires et des intellectuels pour entrer dans un processus permanent de négociation.

L'hypertrophie législative

La place de l'État a une traduction dans notre système de droit. L'État est embarrassé de décisions législatives excessives. Les sujets en débat au Parlement ne sont à peu près jamais le produit de discussions au sein de la société civile. Les grands débats publics sont des créations politiques. Notre pays est un pays loquace et verbalisateur, avide de grandes disputes politiques.

Le Parlement est encombré de ces débats à haute teneur symbolique. Le processus législatif en est allongé. Notre Parlement adopte plus d'une centaine de lois par an. Toutes n'ont pas d'incidence réelle sur la vie du pays. Parmi cette cohorte de lois, on peut distinguer trois grands groupes de textes.

Le premier groupe est constitué par celui des lois qui se veulent réformatrices. Elles portent sur des concepts, ont une portée symbolique et une intensité politique considérables. Elles sont débattues avec un haut degré de violence verbale et sont généralement adoptées avec de très courtes majorités. La plupart des lois de ce type sont abrogées dans la législature suivante. Souvenons-nous des lois de nationalisation de François Mitterrand. Elles illustrent à merveille la splendeur et les défauts de ce type de loi. Mais l'exemple le plus vigoureux est la loi « sécurité et liberté » voulue par Alain Peyrefitte qui fut abrogée avant même son entrée en vigueur !

Le deuxième groupe est constitué par les « lois sans suites ». Il y en a beaucoup de la sorte. Qu'on songe aux lois d'orientation et aux lois-cadres dont regorge notre ordre juridique. Ces lois portent volontiers le nom d'un ministre ou d'un gouvernement. Il s'agit de « neutrons législatifs ». La véritable loi crée une taxe ou une obligation. Elle donne un droit ou accorde une subvention. Le reste est du discours législatif. Trop de lois sont dépourvues de tout contenu normatif. Elles constituent des monuments du débat national mais restent sans traduction effective, faute de portée normative ou de décrets d'application.

Le troisième groupe est constitué par les « lois qui font souche ». Malheureusement, elles ne constituent pas beaucoup plus du tiers du travail parlementaire. Elles sont de véritables lois, à charge positive. Elles créent des droits ou des obligations. Et, celles d'entre elles qui sont adoptées le sont à la suite de débats nourris et de discussions prolongées. On les reconnaît à un fort taux d'amendements émanant de l'opposition et acceptés par la majorité. Une majorité qui déborde la majorité arithmétique du gouvernement du moment est un signe de qualité législative. Je pense ici aux lois de décentralisation de Gaston Defferre ou à la loi d'Edgar Faure relative à l'enseignement supérieur.

Le futur président de la République doit avoir toutes ces données en tête. Il doit donner sa pleine dimension à ce qui ne se voit pas. Il doit avoir à l'esprit ce qui se fait par le décret, le contrat ou la négociation.

Dans ces conditions, quand on s'apprête à réformer la France, il convient de songer à la méthode plus qu'on ne l'a fait jusqu'ici. L'urgence des tempêtes actuelles ne doit rien changer à cette réflexion méthodologique. Nous n'avons pas le choix. La réforme est lente. Le souci de faire vite est toujours un piètre conseiller.

L'indifférence au monde extérieur

La France est, en outre, je l'ai souligné au chapitre 1, handicapée par son indifférence profonde envers le monde extérieur. La France est fière, à juste titre, de son histoire, de sa langue, de sa culture, de ses écrivains, de ses faits d'armes et de ses réussites techniques. Mais elle y songe tant qu'elle est excessivement occupée d'elle-même.

Plusieurs facteurs jouent ici. Notre pays n'a jamais été un pays de commerçants, de voyageurs ou de négociants. Les communautés françaises à l'étranger sont exiguës si on les compare à celles de nos grands voisins. Nous n'avons pas de culture de l'expatriation. Cela pénalise nos exportations, évidemment, car les communautés d'expatriés sont des sources vivaces d'exportations. Autre facteur, la France est un des pays européens où les langues étrangères sont les moins parlées. Nous sommes habitués à gérer nos personnels administratifs et managériaux à l'échelon purement national. Nous pénalisons ceux de nos responsables qui ont servi à l'extérieur.

Cette attitude nationale nous entrave. Elle nous prive des bonnes pratiques que d'autres pays ont trouvées.

Une tendance prononcée à l'autodénigrement

Dernier blocage dont est victime la France : la passion de l'autodénigrement. La France affiche une faible confiance en son destin collectif. Les sondages le montrent.

La théorie des sondages est un produit des mathématiques des années 1920. Les premiers instituts de sondages datent des années 1930. L'IFOP a été créé en 1938. Rapidement, les grands sondagistes ont construit des batteries de sondages comparables entre elles à travers le temps et à travers l'espace. Elles conjuguent des questions collectives et des questions individuelles.

Tous les sondages d'avant-guerre nous présentent une France analogue aux autres pays. Elle partageait alors la morosité de la crise mondiale mais aussi l'espoir suscité par le capitalisme. Les réponses collectives et les réponses individuelles des Français sont alors comparables à celles des Allemands, des Américains, des Britanniques ou des Italiens.

Depuis cette période de relative « normalité » statistique, une bizarrerie française a émergé et s'est affirmée. Notre degré de confiance collective est tombé très bas. Quand il s'agit de questions sur le destin collectif, notre pays affiche une confiance collective sensiblement inférieure, de l'ordre de 30 %, à celle des autres pays de l'OCDE[1]. C'est vertigineux, car cet état d'esprit colore tout le débat national sur la réforme. Personne en France n'y croit. C'est d'autant plus surprenant que c'est contradictoire avec les réponses que donnent les Français aux questions sur leur propre destin, leur propre ave-

1. Sondage BVA du 3 janvier 2011 pour *Le Parisien.*

nir, auxquelles ils répondent à peu près comme le monde entier !

Cette passion de l'autodénigrement produit une paralysie. Il y a doute sur l'origine. On mesure cela après juin 1940. Dans un pays aussi centralisé et fier de son armée, une défaite est un effondrement total. Haut état-major, élites, Parlement, armée, appareil économique et industriel, tout est remis en cause par notre déroute face aux armées allemandes. D'où le repli rural proclamé par Pétain avec l'assentiment large de la communauté nationale.

Les conquêtes économiques et sociales de la France des Trente Glorieuses n'ont en rien modifié la perception de notre pays par lui-même.

Cela crée au prochain président de la République une ardente obligation, celle d'exalter notre destin national.

Tout ce chapitre ne propose rien. Mais il était tout à fait essentiel de rappeler les prédispositions culturelles propres au contexte français sans la connaissance et la prise en charge desquelles toute intention réformatrice risque d'être rejetée. C'était donc un préalable avant d'aborder maintenant les enjeux des défis essentiels qui nous attendent.

CHAPITRE 5

La France face à la finance mondiale

J'ai analysé les menaces qui pèsent sur nous dans le domaine économique et financier. Il convient maintenant de jeter les bases du combat politique nécessaire pour imposer plusieurs mesures de traitement. Ainsi, la France sera mieux en mesure de faire face aux sursauts et aux crises de la finance mondiale.

Séparer les dépôts et les risques, une victoire politique

Bien des commentateurs et plusieurs responsables politiques appellent à la réintroduction, dans la finance mondiale, d'une disposition promue par Franklin Delano Roosevelt en 1933. Elle est constituée par le *Banking Act*. Elle est connue sous le nom de *Glass-Steagall Act* car elle a été mise en place par une loi portant le nom d'un sénateur et d'un représentant du Congrès des États-Unis, Glass et Steagall. En quoi consiste cette loi ? Elle impose la séparation absolue des banques de dépôt et des institutions dévolues à l'investissement et donc au risque. Pour Roosevelt, les dépôts placés en banque, qu'ils soient faits par des particuliers ou par des opérateurs de la vie économique courante, ne sauraient en aucun cas être soumis aux risques. Ils doivent être entièrement séparés des activités, des fonds et des stratégies des établissements financiers dont la vocation est de financer le risque. Ces institutions, parfaitement nécessaires, sont orientées vers l'investissement et vers les marchés à vocation spéculative. Dès qu'on est dans le domaine du risque, le *Glass-Steagall Act* exige que le financement des opérations soit assuré uniquement à partir de capitaux dédiés, et donc rémunérés à ce titre, ou des fonds propres des établissements. Ces investissements sont d'ailleurs mieux rémunérés que les dépôts simples. Ce principe ne tolère pas l'ambiguïté.

Le combat pour proposer, discuter et adopter cette loi fut terrible. Toutes les autorités bancaires combattirent le projet avec la dernière véhémence. Le président américain put s'appuyer sur une majorité parlementaire. Administration présidentielle et majorité parlementaire partageaient la même vision, le même enthousiasme et la même conviction. L'adoption de cette loi est un résultat obtenu par les politiques contre l'hostilité des financiers professionnels.

Après la Seconde Guerre mondiale, l'ensemble des systèmes bancaires européens adopta ce principe et le mit en application. La séparation absolue entre les dépôts et les risques nous assura presque soixante ans de stabilité financière globale. Dans l'histoire, on obtient rarement des preuves factuelles aussi nettes. Les vertus de cette loi sont démontrées de façon éloquente et suffisante par le déroulement des faits. Tant que le principe a été en vigueur, on constate l'absence de crise financière globale. Dès qu'il est écorné ou disparaît, l'instabilité financière revient sur le devant de la scène.

Abroger le Glass-Steagall Act, *une erreur*

Le *Glass-Steagall Act* fut abrogé aux États-Unis en 1997. Il faut aboli en Europe durant la même décennie sous la pression de l'Allemagne et du Royaume-Uni. La City et la Bundesbank s'inscrivaient alors dans la perspective de la création de l'euro. Elles dégagèrent un large consensus autour de leur position. Le principe fut mis en congé. On sait le degré de stabilité financière de l'Europe et de la zone euro depuis cette décision. En France, la renonciation au principe de séparation entre dépôts et risques a été réalisée en plusieurs étapes. Mon propre gouvernement y contribua indubitablement. À l'époque, l'exigence allemande était très forte. De surcroît, nous ne disposions pas alors d'instruments intellectuels adéquats pour anticiper les conséquences de notre décision. Elle fit partie pourtant des conditions mises par l'Allemagne à la création de l'euro.

Depuis la fin de cette séparation, nous connaissons des crises financières régulières. Elles surviennent tous les cinq ans à peu près. On se souvient de la crise spéculative qui s'était abattue en Russie au début des années 1990. Elle est le résultat d'une libéralisation excessive et incontrôlée des institutions financières russes. La crise avait menacé une demi-douzaine d'économies de la galaxie soviétique au voisinage. Juste après, en 1992, survint la grande crise du système monétaire européen (SME) qui fit proprement « gicler » hors du système la lire italienne, la peseta espagnole et la livre sterling britannique.

La crise dite « asiatique » lui succéda en 1997. Elle affecta une bonne douzaine de pays. Elle frappa de langueur le Japon pour une bonne dizaine d'années. Durant les années 1990 et

2000, les difficultés nombreuses et récurrentes des grands pays d'Amérique latine ne furent pas cautérisées sur place comme auparavant. Elles devinrent invariablement des crises régionales. La crise dite de la « *e*-economy » salua le tournant du millénaire et fut suivie, comme chacun sait, du grand krach et de la récession de 2007-2008.

Le monde de l'économie et de la finance n'avait pas su déceler la signification des faillites de LTCM, en septembre 1998, et de ENRON, en décembre 2001. Elles n'auraient pas dû être traitées comme des événements isolés. Elles n'auraient pas dû être exclusivement considérées comme les manifestations localisées d'une mauvaise gestion des managers de ces mastodontes. Elles auraient dû être perçues comme des signes annonciateurs. Elles étaient en fait les symptômes de crises à venir. Les faits ont parlé depuis.

Rétablir le Glass-Steagall Act, *un projet présidentiel*

Depuis le krach de 2008, le principe de séparation des dépôts et des risques a été examiné d'un nouvel œil. Son rétablissement a été réclamé par de nombreuses instances, politiques, économiques et administratives. Mais, comme dans les années 1930 aux États-Unis, les autorités bancaires sont unanimes pour s'y opposer avec la dernière résolution. En général, la gestion des dépôts produit moins de valeur ajoutée et de plus-values que la participation au risque. Le débat sur la séparation des dépôts et des risques ne met pas seulement aux prises des analyses divergentes. Il oppose plus profondément des intérêts. Cela doit être publiquement souligné. Le rétablissement du principe de séparation entre établissements financiers n'est envisageable qu'avec le soutien des opinions publiques. Il doit leur être présenté comme une urgence.

Le 27 octobre 2011, lors d'un entretien télévisé avec des journalistes, Nicolas Sarkozy s'est longuement et explicitement prononcé contre l'adoption ou, plus exactement, le rétablissement de la version française du *Glass-Steagall Act.* Selon lui, il convient d'empêcher la séparation des dépôts et du risque afin de diluer les risques entre tous les établissements financiers. Mesurons la portée de sa déclaration. Nicolas Sarkozy défend une hausse du niveau de risque pesant sur les dépôts au nom d'une baisse du niveau de risque sur les fonds spéculatifs. Nicolas Sarkozy se fait ici l'avocat des intérêts bancaires. Par là même, il refuse d'actionner un instrument à sa disposition pour s'opposer à l'instabilité financière généralisée.

L'enjeu du débat est double. Si on arrivait à imposer une telle mesure dans le monde entier, cela réduirait considérablement la formation et les risques d'explosion des bulles financières. Le jeu en vaut la peine même s'il se traduit par une réduction des profits bancaires. Si cette mesure était prise au sein de la seule zone euro, elle ne suffirait pas à prévenir tout risque de krach spéculatif. Elle aurait néanmoins un avantage indubitable : dans la zone euro, les capitaux disponibles sous forme de dépôts n'alimenteraient plus les torrents de la spéculation. Ce serait une précaution contre l'ampleur des crises. Elle constitue une urgence de premier rang. Le prochain président de la République aurait tout intérêt à lancer une étude sur les conséquences de l'adoption de cette séparation par la France seule. Certes, prise au niveau national, la mesure n'aurait pas d'effet mondial. Elle affaiblirait aussi les banques françaises sur le plan mondial dans leur concurrence sur les marchés spéculatifs. Mais protéger les dépôts des agents économiques ordinaires est un impératif moral et surtout une mesure de défense économique. Pour la France, ce serait au moins une protection locale de son économie réelle. Et puis il y aurait un effet d'exemplarité. Qui sait ? Peut-être qu'une telle initiative aurait un effet d'entraînement sensible et rapide à l'ensemble de l'Europe. Et cela d'autant plus que le Royaume-Uni est en train d'appliquer cette mesure chez lui pour la livre sterling.

Vers la fin de l'éden fiscal

Une importante fraction des liquidités mondiales est actionnée depuis des « paradis fiscaux ». Nous parlons là de trillions de dollars, autrement dit de milliers de milliards de dollars. On peut estimer que les sommes hébergées dans ces « édens fiscaux » sont comprises entre cinquante et deux cents trillions de dollars. Deux cents serait le montant global des liquidités aujourd'hui.

Que sont ces « paradis » qui concourent à notre enfer financier ? Ce sont des sujets de droit international qui peuvent s'offrir le luxe de ne pas avoir d'imposition locale. Ils ont en effet de faibles charges en raison de leur taille souvent modeste. Ils bénéficient surtout de recettes financières considérables. Elles proviennent des activités bancaires qui sont attirées par un régime fiscal plus que favorable aux firmes résidentes.

Ce modèle de développement dégage d'immenses masses de liquidités. Il les exempte de toute charge sous forme d'impôts, de contributions ou de taxes. Ces liquidités sont ainsi rendues disponibles en grandes quantités pour n'importe quel usage, sous condition qu'il soit lucratif. Ces liquidités peuvent tout à fait se prêter à des usages illégaux. Je note qu'une toute petite fraction – inférieure à 0,5 % – de ces transactions assurerait largement le financement des grands programmes du Millénaire définis et proposés par l'ONU.

La propension de ces liquidités à participer aux mouvements spéculatifs mondiaux est désormais parfaitement établie. Limiter leur flux est indispensable. Le mieux serait de les brider dans le monde entier. Mais l'espoir est faible aujourd'hui. On est contraint de mettre à l'examen des mesures partielles. La zone euro pourrait décider seule d'interdire à tout opérateur relevant de son territoire de contracter avec des partenaires basés dans des paradis fiscaux. Assurément, cela limiterait la dangerosité de ces « territoires fiscalement non coopératifs ». Nous devons accepter de raisonner par étapes et d'avancer pas à pas. L'Union européenne et la zone euro peuvent aller plus loin dans la stérilisation des fonds issus des paradis fiscaux. Elles doivent donc le faire.

Soumettre l'innovation financière à un régime d'autorisation préalable

J'ai longuement expliqué l'origine, les développements et les effets de la multiplication des produits dérivés. Ces assurances prix associées à des contrats commerciaux présentent plusieurs dangers.

Premier danger, il n'y a plus de limites physiques imposées aux volumes que peuvent prendre les marchés de tels produits. Ces marchés ne sont pas tributaires des bornes physiques des marchés habituels. Les inventeurs financiers ont déconnecté l'économie réelle et l'économie spéculative. Ils ont ainsi fait échapper les transactions aux limites de la réalité physique sous-jacente qui font l'objet des contrats principaux : matières premières, produits manufacturés, etc. La démesure financière est patente. Les marchés sont pris dans une spirale illimitée.

Dans un livre très fouillé[1], Christian Chavagneux s'attache à l'analyse de la crise des tulipes (1636-1637), à la faillite de John Law (1720), au drame américain de 1907 et aux récessions engagées en 1929. Il établit que les crises, les mouvements de panique et les ondes de choc spéculatives ne sont pas déclenchés par la seule inquiétude collective de l'opinion devant la conjoncture financière. Les crises se déclenchent quand de nouveaux produits financiers échappent brusquement à la surveillance publique. Les crises sont les effets conjugués de la défiance collective et du passage des instruments spéculatifs d'une régulation à une libéralisation complète.

Nous sommes de nouveau devant un problème de cette nature. Les responsables politiques et économiques sont hésitants à aborder ce problème. Mais l'aile régulatrice du monde inclura nécessairement cette question dans ses raisonnements. Le prochain président de la République aura fort à faire. Il doit expliquer la nécessité de l'interdiction de nouveaux produits financiers non régulés. Il doit nous faire passer d'un régime de liberté à un régime d'autorisation préalable. Il doit nous faire comprendre que ces innovations financières sont éligibles au même régime que les jeux d'argent en France. Quand il s'agit de nouveaux jeux, tout ce qui n'est pas autorisé est interdit. Il doit en être de même pour ces produits hautement déstabilisateurs. La mise sur le marché de nouveaux instruments spéculatifs doit faire l'objet d'une autorisation préalable de la part des pouvoirs publics. Après tout, il faut se souvenir de la déclaration de Warren Buffet : « Les produits dérivés, ce sont des armes de destruction massive. »

1. *Une brève histoire des crises financières. Des tulipes aux subprimes*, La Découverte, Paris, 2011.

Lutter contre le courant torrentiel des opérations spéculatives

Il est un autre champ pour une meilleure régulation de la finance. C'est celui de la taxe à laquelle on a longtemps associé le nom de James Tobin, prix Nobel d'économie. Cette idée est ancienne. James Tobin était un économiste plutôt conservateur et bien connu pour sa prudence. Son analyse des crises de la seconde partie du XXe siècle mettait en évidence la nocivité de l'automatisation des décisions financières. On l'ignore parfois, mais de nombreuses décisions sont prises, sur les marchés, par les ordinateurs dès que certains paramètres statistiques sont réunis. Des opérations de vente ou d'achat peuvent devenir massives et dangereuses en peu de minutes avant même qu'une régulation humaine n'intervienne.

Dans cette machinerie aussi implacable que rapide, il est nécessaire d'introduire un facteur de retardement. L'introduction d'une taxation légère de ces opérations financières aurait pour effet de retarder ces mécanismes. Elle nécessiterait un calcul de rentabilité. Elle contraindrait à comparer le gain de la multiplicité des opérations et son coût. Elle pourrait même jouer le rôle d'un ralentisseur car elle pourrait fait hésiter les *traders* devant les coûts répétés de mouvements financiers extrêmement nombreux et extrêmement rapides.

Les intuitions de James Tobin n'ont jamais été démenties. Elles auraient aussi un intérêt pour trouver des ressources mondiales à destination des grands projets mondiaux comme les objectifs du Millénaire.

Les avantages de ce dispositif sont clairs et simples. Mais, encore une fois, les autorités bancaires n'en veulent pas. Au prochain président de la République d'amorcer un mouvement décisif en faveur de ce mécanisme de stabilisation des marchés et de financement des biens planétaires. Il en va de la primauté de l'esprit humain sur les automates.

La notation économique et financière : vers un service d'intérêt public

Le prochain président de la République devra traiter le rôle des agences de notation.

Les imprécations radicales de certains contre ces institutions ne sont pas pleinement justifiées. L'économie a besoin de ces organes. Tout marché nécessite des instances capables d'apprécier, de vérifier et de certifier la valeur de ce qui est échangé. La création des agences de notation a été un indiscutable progrès. C'est un gain de transparence pour les marchés et pour les investisseurs. Elles sont faillibles comme toute institution humaine mais guère davantage.

Je suis conscient que cette position heurte certains de mes lecteurs. Mais mon propos est de préserver l'économie réelle et ses instruments tout en réduisant l'essor de la finance. Faire disparaître des produits dérivés complexes et inutiles ne coûte rien à l'économie réelle. Faire disparaître les agences de notation serait hautement préjudiciable au bon fonctionnement des marchés économiques. L'investissement est indispensable à l'économie. Il doit être préservé. Or il ne peut être réalisé à l'aveugle. Il a besoin d'estimations et d'évaluations. C'est l'essence même du calcul économique.

Après le plaidoyer pour l'existence, passons au réquisitoire contre les activités de ces désormais fameuses agences. Aucune d'entre elles n'a pressenti la dangerosité des crédits *subprimes*. Aucune d'entre elles n'a vu venir les drames de 2007. Leurs capacités prédictives sont manifestement limitées. La raison en est sans doute le conflit d'intérêt qui préside au financement de ces institutions. Elles sont rémunérées par ceux qu'elles notent. Elles n'ont donc pas une liberté d'appréciation suffisante.

Le prochain président de la République doit proclamer bien haut que l'évaluation économique et financière est une activité d'intérêt public. La notation est un service public. Un financement public international pourrait être envisagé. Toutefois, un autre conflit d'intérêt ne doit pas apparaître. Le risque d'un financement intégralement et obligatoirement public est que les États noteraient indirectement eux-mêmes leur propre solvabilité. Pour éviter cet écueil, un autre mode de financement des agences devra être établi. Il pourrait être axé sur une cotisation obligatoire de tous les agents économiques. On peut même imaginer une règle collective selon laquelle la notation des États en crise imminente de paiements sera suspendue de notation pendant la période difficile.

La lutte contre les inégalités, une urgence civique et morale

Dans les années 1930, le vieil Henry Ford avait affirmé avec force une belle idée. Il était autoritaire, fascisant, intime d'Adolf Hitler et paternaliste à un niveau qu'on ne connaît plus aujourd'hui. Pourtant, il proclamait que le capitalisme avait besoin d'une éthique forte. L'exigence morale est, à ses yeux, d'autant plus pressante que la contrainte légale doit être faible pour stimuler l'esprit d'entreprise.

Ford soutenait que les salaires des grands patrons devaient être plafonnés. Il convenait, selon lui, de limiter la différence entre le revenu moyen des salariés placés sous son commandement et la rémunération du plus haut dirigeant entre 1 et 40. Ce rapport se maintint peu ou prou de 1850 à 1980. À partir de la décennie 1980, la financiarisation du monde changea la donne. Elle lança un mouvement de « *dés-égalisation* » des revenus du travail. Aujourd'hui, les patrons des grands groupes ont des revenus entre trois cents et six cents fois supérieurs à la moyenne de ceux des personnes qu'ils dirigent. Quand on atteint de tels niveaux, invoquer le talent, la compétence ou l'expertise est au mieux absurde, au pire cynique. Devant de tels différentiels de rémunération, on passe le cap de l'acceptable. On quitte l'explication rationnelle pour entrer dans l'aberration la plus intolérable.

Les immenses rémunérations constituent un prurit économique, social et politique. Cette dynamique néfaste n'affecte pas seulement les revenus des grands dirigeants. Tous les opérateurs de la sphère financière ont constamment accru, depuis trente ans, leurs exigences de rémunération personnelle. Le cas des *traders* est aberrant. Mais il n'est pas exceptionnel. Le mode de calcul de leurs gains comporte une incitation à prendre des risques de façon excessive.

L'augmentation du prélèvement actionnarial sur les résultats des entreprises est, lui aussi, la traduction des formes contemporaines de la cupidité. Or il est en même temps et de ce fait la cause directe de la précarisation de plus du tiers de la main-d'œuvre des pays développés. On est ici dans un schéma de vases communicants. Les rémunérations et la condition des salariés ont été dégradées par l'expansion des gains des actionnaires. Le traitement de la précarité exige la diminution du taux de prélèvement actionnarial sur les résultats des entreprises.

Les pays développés ont toujours eu besoin d'une régulation des très hauts revenus. C'est un mécanisme indispensable. La solidité des sociétés démocratiques exige la reconnaissance de ce principe d'éthique collective. Le niveau des rémunérations dans le secteur financier se situe au-delà de toute tolérance possible. Il aura des incidences électorales avant d'avoir des incidences économiques et macroéconomiques.

La cupidité est devenue une norme acceptée. Joseph Stiglitz évoquait, dans un livre récent, la force de la cupidité comme facteur dominant de la sphère financière. La résurgence explicite de cette référence explique la formation et l'acceptation de déséquilibres intolérables. Tout se passe comme si on avait changé de paradigme électoral.

En un siècle et demi de démocratie en Occident, le capitalisme a finalement gagné. Caricaturalement, on peut décrire la position des forces politiques qui en soutenaient les règles devant les urnes ainsi : « Votez capitaliste. Non seulement vous serez débarrassés de toutes les règles et des impôts que veulent établir les rouges, les partageux, les socialistes, mais en outre vous aurez de fortes chances d'arriver à l'aisance par le travail. »

Or, aux élections qui sont intervenues après le déclenchement de la dernière crise économique, les électorats européen et américain ont reconduit les gouvernements en place. C'est éclatant aux européennes de 2004. Ils ont ainsi marqué leur confiance à ceux qui avaient présidé au déclenchement d'un krach boursier et d'une tendance récessive. Ils ont voté pour le capitalisme et ses défenseurs, non seulement pour assurer le droit d'arriver à l'aisance, mais explicitement pour assurer celui de faire fortune. Et cela, même si la crise leur démontrait que le système s'effondre quand trop de gens à la fois cherchent à faire fortune. Les propositions sociales-démocrates ont été inaudibles ou récusées. À nous de mieux les défendre, certes, mais le contexte culturel, il faut dire ici idéologique, inclut aujourd'hui dans les Droits de l'homme de préserver le droit de faire fortune. Si de ce fait le système ne fonctionne plus, il est en même temps devenu plus difficile à attaquer politiquement.

En effet, le traitement des aspects les plus immédiatement menaçants ou préjudiciables de la situation actuelle n'appelle guère d'élaboration intellectuelle sophistiquée. Les mesures sont évidentes dans leur principe et ne présentent de difficultés que pour le détail de leur application. L'enjeu est bien le courage de les prendre, et de manière plus précise, la capacité de se dégager du « politiquement correct financier » qui porte avec lui le corps de doctrine qui nous a conduits à la crise présente et qui est interdictif des moyens d'en sortir.

Ainsi, mettre fin au spectacle des surrémunérations abusives n'a rien de difficile : on peut soit les plafonner réglementairement, soit appliquer, au-delà d'un certain montant, une fiscalité confiscatoire. Le vrai problème est d'oser violer une règle clé du monétarisme, qui est que toutes les rémunérations doivent résulter du marché et de lui seul. Y faire intervenir l'État, c'est reconnaître l'inanité de tout le système. La crise qui déferle proclame qu'il est grand temps qu'on y arrive ! Ça n'en devient pas plus facile pour autant.

Il en va un peu de même, en plus difficile, pour tenter de corriger cette propension à la baisse régulière et constante de la part des salaires directs et indirects dans le PIB, tendance lourde qui produit la montée irrépressible de la précarité et de la pauvreté, qui bloque tout progrès dans la lutte contre le chômage et qui, en fait, freine brutalement la croissance. Aucune règle ne paraît pouvoir endiguer un mouvement aussi fort. Et, en période de fort chômage, même appuyé par la puissance publique, aucun syndicat ne peut espérer obtenir des améliorations de rémunérations.

Il n'y a donc pas d'alternative à la seule voie possible : donner une place croissante aux salariés dans les conseils d'administration. Il faut noter en effet qu'il n'existe pas de statut de l'entreprise. N'existe et n'est reconnue que la société de capitaux. Au caractère illimité et absolu du pouvoir dans la société de capitaux, l'expérience a montré qu'il fallait apporter quelques freins ou quelques limites pour que ses employés restent traités de manière civilisée. La somme anarchique de ces exceptions au pouvoir de la société de capitaux s'appelle le code du travail. C'est un code de relations entre étrangers s'étant consentis une certaine indépendance.

Mais la communauté des individus dont le revenu dépend du même projet économique n'a pas d'existence juridique. Ceux qui travaillent ensemble n'ont aucun droit sur le nom collectif, l'identité, la propriété réelle ou intellectuelle de l'entreprise. Les décisions de licenciement, de vente de telle ou telle activité, de délocalisation, de changement de direction, etc., sont prises par les actionnaires, une collectivité de rencontre qui est parfaitement extérieure à l'entreprise. Leur option ne peut être que patrimoniale. Il n'y a pas de représentation juridique de la finalité de l'entreprise, de sa pérennité, de son autorité morale et moins encore de l'intérêt de ses salariés. C'est dorénavant irrémédiable, et l'entreprise est la première condamnée à mort de la crise : OPA, rachats, restructurations, délocalisations sont les aspects visibles de cette évolution.

Il n'y a d'autre moyen d'éviter cela que de faire prendre les décisions de survie par les intéressés eux-mêmes. Cela exige de donner enfin un statut à l'entreprise, reconnue comme la communauté des hommes et des femmes qui vivent du même projet économique. Et aussi longtemps que l'on n'est pas arrivé à produire ce statut, il est nécessaire et urgent d'introduire dans les conseils d'administration une représentation partielle mais croissante des salariés, pour offrir un peu plus de résistance aux opérations du type licenciement boursier, fermetures anticipées d'unités restant rentables, etc.

La difficulté de cette solution n'a rien d'intellectuel : elle est évidente et incontournable. À défaut, le capitalisme contemporain continuera son évolution vers une économie virtuelle, une société ludique et spéculative avec une logistique incertaine assurée par des travailleurs relégués dans l'indignité et la précarité. Sauver l'entreprise de cette perspective en la faisant défendre par ses propres salariés, devenus à cette occasion ses propres membres, est la seule solution qui s'offre à la réflexion. Mais c'est un énorme changement de paradigme, qu'il y a cent ans on aurait appelé révolution… Aujourd'hui, c'est un changement structurel destiné à sauver la dimension industrielle productive et l'esprit même de l'entreprise dans un capitalisme qui, sans cela, achèverait sa financiarisation dans une économie intégralement virtuelle aux travailleurs déracinés.

Il en va encore de même – les solutions sont évidentes si on est capable de sortir du cadre mental qui nous limite – sur d'autres aspects dramatiques de la menace actuelle.

L'euro se trouve au cœur de la tempête présente. D'une certaine manière, c'est presque étrange : les fondamentaux de la zone euro sont actuellement sensiblement meilleurs que ceux des États-Unis, ceux du Royaume-Uni ou ceux du Japon. De plus, l'euro n'a aucune dette, ayant reçu l'interdiction constitutionnelle d'en contracter. Mais il est affaibli par la stagnation de l'économie de la zone. Avec la dimension de 1 % du PIB de l'Union européenne, le budget de notre Union est quasi symbolique et ne saurait avoir aucun effet incitateur à la croissance. Les budgets nationaux sont, eux, exsangues et ne peuvent contribuer aux financements nécessaires pour compléter les infrastructures européennes de transports et de systèmes électroniques et faire émerger petit à petit les nouveaux objets durables, réparables, biodégradables de la civilisation de demain. Notre niveau d'emploi serait meilleur, notre croissance aussi un peu de ce fait. Ces performances meilleures faciliteraient le paiement des dettes nationales en euro, si nous pouvions assurer le financement de ces investissements. Un moyen évident en serait l'émission d'obligations européennes. Avec les fondamentaux actuels de la zone et l'absence totale de toute dette, si la zone euro décide d'emprunter, elle a le triple A garanti pour des années. Mais c'est défendu. Pourquoi ? Problème de doctrine. Le tabou est principalement allemand. Mais c'est un tabou, dans lequel se confondent les espoirs perdus du monétarisme (moins l'État s'occupe d'économie et mieux on se porte !) et les relents du souverainisme nationaliste : autoriser l'Europe à émettre des obligations, c'est lui concéder un petit pouvoir de plus... À ce niveau, le tabou devient masochiste, sinon suicidaire. Cela me fait un peu penser à ces couples refusant toute vaccination pour eux-mêmes et leurs enfants. Mais les Allemands sont des pragmatiques. Je garde l'impression que, devant la constante et sans doute croissante pression des faits conjugués avec la colère croissante de leurs partenaires européens dont la France, ils finiront par céder. À la France de ne jamais se relâcher dans cet effort.

Il y a un autre aspect, encore plus massif et urgent si faire se peut, de la même situation et du même blocage. La zone euro est menacée, on l'a vu, d'une explosion locale éventuellement consécutive à un défaut de paiement sur dette souveraine, de la part de la Grèce de manière imminente, du Portugal, de l'Espagne ou de l'Italie presque aussi vite, France et Royaume-Uni n'étant pas loin derrière. Le cœur de ce drame tient au coût insoutenable auquel les pays ainsi jugés fragiles ne peuvent échapper pour emprunter les nouvelles ressources qui leur manquent pour tenir leurs échéances : plus de 6 % pour la Grèce par exemple.

Or on vient de faire une découverte fabuleuse. Après la faillite de Lehman Brothers et pour éviter l'arrêt général du crédit interbancaire donc la récession, les pays développés ont tous décidé de renforcer leurs systèmes bancaires grâce à la garantie publique. Ainsi le gouvernement des États-Unis a-t-il mis sur la table 700 milliards de dollars, avancés par leur Banque centrale (Fed), et garantis par le contribuable.

Des journalistes du groupe Bloomberg ont eu le sentiment que la Fed en avait fait plus qu'on ne lui demandait. Ils ont posé la question. À quoi elle répondit que la chose était secrète. Ils ont saisi la justice. Laquelle a répondu qu'il n'y avait pas lieu à secret, la démocratie exigeant de la Banque centrale une totale transparence. Ainsi, une ou deux dizaines de milliers de pages de rapports comptables internes furent-ils dépouillés par la presse. D'où il ressort qu'au-delà des 700 milliards de dollars sous garantie publique, la Fed a, en deux ou trois ans, apporté 1 200 milliards de dollars de plus au système bancaire américain au taux d'intérêt étonnant de 0,01 %.

Cela veut dire que les banques privées dont la spéculation a créé la dangereuse situation actuelle trouvent l'argent dont elles ont besoin pour éviter le défaut de paiement à six cents fois moins cher que la Grèce et quatre cents fois moins cher que l'Espagne ou le Portugal. Cela veut dire en même temps que l'évitement de la crise passe par la réduction du coût de la dette. Le préalable américain interdit de se fermer les yeux devant cette issue, peu convenable mais efficace. La Banque centrale européenne (BCE) a interdiction de financer les États. Il faudrait des années de négociations pour modifier le traité sur ce point. Mais la BCE a le droit de prêter à des établissements publics européens. Pourquoi ne prêterait-elle pas à 0,01 % à la Banque européenne d'investissements qui reprêterait aux États à 0,02 %, au moins pour commencer, pour abaisser le coût de leurs dettes anciennes ? Faut-il continuer à chercher à faire baisser salaires, pensions et soins de santé en Grèce voire en Espagne, pour parer aux dégâts commis par des dirigeants sans scrupule, tant publics que privés ? La crise de l'euro est le résultat de blocages politiques institutionnels. La remise en état des économies en cause prendra certes du temps, mais au moins n'est-il pas nécessaire de l'aggraver en créant le risque politique tout à fait évitable qu'une crise dans la zone euro soit le détonateur d'une explosion beaucoup plus terrifiante venant des gigantesques déséquilibres financiers mondiaux.

Il y a de l'espace pour une politique financière audacieuse et efficace.

La régulation de l'économie, une question d'audace

Peu d'économistes contemporains et peu de décideurs politico-économiques avaient anticipé la crise de 2007. Mais plus rares encore sont ceux qui en ont tiré les leçons nécessaires. C'est que les *leaders* politiques sont conseillés par des techniciens formés au monétarisme. Par construction, ils ne peuvent pas remettre en cause le système que leur courant a promu. Ils sont frappés de timidité dès qu'il s'agit de penser hors des cadres de l'orthodoxie de l'école de Chicago. Or laisser en l'état les cadres théoriques, les mécanismes de rémunération, les innovations financières, le déchaînement de la cupidité et la dynamique d'accroissement des inégalités, c'est se condamner à revivre régulièrement des crises insupportables. Laissons la timidité de côté. Retrouvons le niveau d'audace qui a présidé à l'adoption du *Glass-Steagall Act* sous l'impulsion de Roosevelt contre les autorités bancaires. Réguler l'économie n'est pas seulement une affaire de doctrine, c'est aussi et d'abord une question de courage.

CHAPITRE 6

Croissance et énergie : le monde de demain

Peut-on retrouver la croissance ?

Le prochain mandat présidentiel et législatif ne saurait réussir, on vient de le voir, sans une politique financière forte, audacieuse et résolue. C'est ma conviction et mon espoir. Mais c'est surtout une évidence criante. Pourtant, cela ne pourra pas suffire. Pour assurer le succès de ce mandat et, surtout, pour préparer notre pays à son avenir, il faudra proposer une perspective de long terme. Remettre en ordre la planète financière est une urgence. Mais c'est seulement une priorité de court terme. Il faudra aussi que la France s'inscrive dans une perspective de longue haleine. Pour relever les défis actuels, il lui faudra, en plus d'une réforme financière, une trajectoire de croissance et une politique énergétique. En effet, la sortie de crise, une fois la finance stabilisée, ne pourra pas se faire par des retours de croissance sectorialisés, au hasard des bonnes gestions, des réussites ou des encouragements. Il y faudra une cohérence et une vision simples, pour cette forte raison que c'est aujourd'hui la situation énergétique qui commande le reste.

Il faudra donc toujours poser la question de la croissance économique. Or, dès aujourd'hui ce débat est marqué par deux positions que je crois extrêmes et irréalistes : ou bien croissance rapide ou bien décroissance.

Le débat public a en effet déjà commencé à se saisir de la question. Cependant, il l'a fait dans des termes qui me paraissent presque fantaisistes. On l'a vu notamment à l'occasion du débat budgétaire. La controverse est pour le moins pittoresque. Depuis l'été, la discussion roule sur les prévisions de croissance du produit intérieur brut (PIB) pour l'année prochaine. Ces prévisions sont indispensables pour bâtir le budget de l'État. Mais elles sont malheureusement tout à fait incertaines et ne sauraient donc servir de socle à une vision d'avenir.

Le débat de l'automne dernier s'est déployé à partir de deux présupposés qui sont restés implicites.

Le premier non-dit est hautement contestable : le gouvernement a agi comme si la menace financière était écartée. Il a construit son budget comme si le passif de la finance mondiale avait été purgé. Or nous en sommes loin : les caractéristiques fondamentales des marchés financiers sont restées inentamées. Les principes sous-jacents de l'instabilité mondiale sont toujours en place.

Le deuxième impensé du dernier débat budgétaire automnal est typique de la droite productiviste. Les *leaders* gouvernementaux décident, parlent et agissent comme si la « sortie de crise » allait déboucher, de façon inéluctable, sur un sentier de croissance classique, dynamique et soutenu. Les membres du gouvernement et les principaux représentants du Medef se comportent comme s'il était encore possible de retrouver le rythme et les formes de la croissance antérieurs à la phase récessive actuelle. C'est une illusion qu'il est urgent de récuser pour éviter à la France désillusions et amertume. Il faut la remplacer par un examen plus réaliste des voies ouvertes pour l'avenir. La campagne présidentielle doit faire comprendre qu'on ne reviendra plus à la croissance des années 2000 et, bien sûr, encore moins à celle des années 1960 à 1980.

La croissance lente : oui !
La décroissance : non !

Pour autant, faut-il accepter l'idée que le sauvetage écologique de notre planète suppose l'arrêt de la croissance ?

Le thème de la décroissance économique est alimenté par la fougue de certains écologistes. Ils se montrent relativement peu sensibles aux questions de protection de l'espèce humaine. Ils accordent en revanche une place primordiale à la question de la conservation de la nature. Les partisans de la décroissance attachent peu d'importance à la question de la diminution des volumes d'énergie disponible puisque cette diminution sert leur cause. Toutefois, l'état dans lequel la crise économique laisse le monde aujourd'hui amène à poser la question de la décroissance à la lumière des situations sociales et économiques. Il est irresponsable de se prononcer sur la décroissance sans avoir en tête les trois menaces économiques qui guettent à court et moyen terme nos sociétés : l'endettement, les inégalités et le sous-emploi.

Le contexte d'endettement généralisé est la première contrainte qu'il faut avoir à l'esprit. La financiarisation de l'économie a conduit à considérer l'endettement excessif comme un moyen de financement de la croissance. Les pays émergents n'échappent qu'en partie à cette spirale. La bulle immobilière qui se forme aujourd'hui en Chine annonce même des lendemains endettés pour ce grand émergent pourtant regorgeant aujourd'hui de réserves de devises internationales ! Le poids de ces dettes oblige les pouvoirs publics à envisager toutes leurs actions au travers du prisme de l'endettement. Même si des catastrophes financières déboucheront sans doute sur l'annulation partielle de ces dettes, toute décroissance s'accompagnera d'une perspective d'étranglement financier des gouvernements de la plupart des pays développés. Toute décroissance aggrave cette situation.

Il y a plus. L'ère de l'endettement est aussi celle d'une aggravation des inégalités à l'intérieur des nations et entre les nations. Avant l'apparition du pétrole, aucune nation sur la planète n'avait un revenu par habitant supérieur au triple de celui de la nation la moins riche. Aujourd'hui, le rapport entre le pays le moins riche et celui le plus riche est de un à quatre cents : le revenu annuel moyen par habitant du Qatar est quatre cents fois supérieur à celui du Zimbabwe. Cet écart cache à peine une différence de cent cinquante à deux cents entre la moyenne des pays développés et la moyenne des pays non encore développés. Les inégalités de revenu se doublent, et c'est la troisième menace : une inégalité sur le marché du travail. Le plein emploi des Trente Glorieuses dans les pays développés est révolu. Aujourd'hui, un tiers de la population active des pays développés est en situation de précarité, de chômage ou de pauvreté[1]. Cette situation devient intolérable. Elle nourrit une indifférence croissante au politique, une apathie électorale et l'émergence de partis extrémistes.

1. Nous l'avons vu au chapitre 1.

La question de la décroissance se pose donc sur fond d'endettement massif et d'aggravation intolérable des inégalités d'emploi et de revenu. La réduction de la croissance ou même son arrêt ne serait supportable qu'à condition d'une réduction de ces inégalités. Le coût d'adaptation à cette situation écologiquement nouvelle peut être compris par nos concitoyens. Pourtant, il ne sera accepté que s'il est équitablement réparti. Ce point est capital pour aborder les questions écologiques. Toute décroissance s'accompagnerait de perspectives de violences civiles. Et nous entrerions là dans l'intolérable.

Dans cette situation, il est urgent d'admettre que la sortie de crise exige une croissance lente. Le retour à une économie mieux stabilisée et mieux adaptée aux orientations écologiques nouvelles réclame un minimum de croissance. La décroissance serait catastrophique et la croissance rapide, impossible.

Garantir une croissance minimale n'est possible que si on s'appuie sur des énergies moins émettrices de gaz à effet de serre. La croissance lente reposera sur des produits durables, recyclables, biodégradables et réparables. C'est dans cet esprit qu'on doit chercher les fondements de cette nouvelle croissance. Elle réclame d'immenses investissements.

Que disent les chiffres ? Le pic pétrolier et les autres

Une vision de long terme sur l'énergie est le premier élément indispensable. La politique énergétique est maintenant la colonne vertébrale de l'action publique en matière économique.

Le développement du capitalisme fut intimement lié à la recherche constante de sources d'énergies nouvelles. Le modèle de croissance des Trente Glorieuses a lié intimement notre société à la consommation d'énergies fossiles. Nous avons développé une dépendance au pétrole proche de l'addiction. L'importance des énergies fossiles était telle qu'elle a signé aussi notre sentier démographique. Plusieurs démographes de renom ont attribué la croissance démographique du XXe siècle à la disponibilité et à la diffusion des énergies fossiles. Tout part du pétrole et du gaz, son jumeau. Ces deux hydrocarbures ne sont pas seulement les ressorts de la croissance économique. Ils sont aussi les aliments de notre vie quotidienne. Ils la rendent possible et la façonnent dans tous ses détails, gaspillage compris.

L'intrication entre notre mode de vie et les énergies fossiles est profonde. Mais elle est caractéristique d'une période aujourd'hui révolue. Le consensus scientifique est en train de se faire autour d'un diagnostic de l'Agence internationale de l'énergie (AIE) sur le fait que nous sommes en train de passer le « pic pétrolier »[2].

Le « pic pétrolier » sonne le glas de notre modèle de prospérité. Il est le principal défi et la principale contrainte de la politique de croissance que le futur président de la République doit articuler.

L'ère du pétrole abondant et bon marché est désormais entrée dans sa phase de clôture. L'évolution de la production et de la consommation de pétrole décrit une manière de courbe en cloche. Sa partie ascendante a eu une pente vertigineuse depuis un siècle. Elle est en train de rencontrer une limite. Après cette étape, commencera une décrue de la production et de la consommation. Plusieurs causes se conjuguent

2. Je l'ai déjà mentionné au chapitre 1.

ici : d'une part, la raréfaction progressive de la ressource et, d'autre part, le renchérissement des activités d'exploitation. En effet, à mesure que les ressources accessibles se raréfient, on se tourne vers des gisements plus profonds et vers des techniques plus sophistiquées. Les coûts d'exploitation augmentent d'autant.

Ce diagnostic a été confirmé par les faits. À partir des années 1980, le volume annuel des nouvelles découvertes de pétrole a commencé à stagner. Il est devenu inférieur au volume de la consommation annuelle. Aujourd'hui, les volumes mis au jour par la prospection sont de moins en moins importants. On assiste à un fléchissement des découvertes. La consommation continue, elle, à s'accroître. La difficulté soulevée par le « pic pétrolier » est tout simplement une nouvelle « crise en ciseaux ». La demande augmente alors que l'offre baisse. Les deux lames des ciseaux énergétiques s'écartent. La hausse des prix est aussi inévitable que potentiellement forte. La question ne se réduit pas à l'évolution des cotations en Bourse. Le pétrole est une ressource si stratégique qu'elle est directement liée à des conflits armés.

La notion de « pic » peut être source de confusion. L'apogée du pétrole avant son déclin n'est pas un événement ponctuel bien isolé dans le temps. Il s'agit plutôt d'un plateau qui ondule sur quelques années. Nous y sommes. La période durera encore une demi-décennie. Nous devons nous préparer à entrer dans une nouvelle phase : le volume des disponibilités pétrolières se réduira d'année en année. Le danger pour la croissance vient d'abord de la hausse sensible des prix, et ensuite seulement de la raréfaction progressive de la ressource.

Le drame en vue est accru par les faiblesses de notre préparation technologique. Les formes alternatives de production d'énergie ne sont pas encore mûres économiquement et techniquement. La phase du pic sera nécessairement difficile à passer.

D'un pic énergétique à l'autre : la cordillère énergétique

Les études menées par l'Agence internationale de l'énergie (AIE) montrent que la notion de « pic énergétique » dépasse le seul cadre du pétrole. L'évolution de la consommation et de la production de gaz naturel est confrontée à une situation analogue. La seule différence est que le « pic gazier » sera atteint quelques années après le « pic pétrolier ». Une conclusion s'impose : le gaz ne peut pas être un substitut au pétrole. Il peut nous accorder un court sursis. Mais il ne peut pas nous offrir le temps nécessaire à la mise en place des moyens d'une économie débarrassée du pétrole.

Le charbon ne fait pas exception à cette destinée énergétique, contrairement aux idées reçues. Parmi les décideurs et dans les opinions publiques, on a longtemps considéré que le charbon était disponible presque sans limite sur la planète. C'était une idée fausse qu'on a révisée depuis. Les derniers travaux[3] le montrent : le pic charbonnier est inéluctable. La seule incertitude porte sur son époque. Selon certains experts, nous l'atteindrions dès 2030. Selon certains autres, il se profilerait vers 2050. De toute façon, l'économie charbonnière ne permet pas d'esquiver la question de la raréfaction des ressources fossiles..

3. Ces travaux sont résumés dans l'ouvrage d'Adolphe Nicolas, *Énergies : une pénurie au secours du climat ?*, Belin, Paris, 2011.

Les pics pétrolier, gazier et charbonnier dressent devant nous une véritable « cordillère énergétique ». Son franchissement est le défi du siècle qui s'ouvre. Sans de grands efforts de notre part, le passage à une société moins énergivore pourrait être rapide, brutal et même insupportable.

La biomasse, un gisement alternatif... à consommer avec modération

Le malheur énergétique est qu'il est inimaginable, aujourd'hui, de mettre en place, à temps et en quantité suffisante, des ressources alternatives à dangerosité faible ou nulle.

Le mouvement écologiste mondial souligne cet état de choses et a raison. D'autres énergies sont nécessaires. Même les gouvernements parviennent à se mettre d'accord sur ce point au moins à titre déclaratoire. La première des énergies renouvelables est la « biomasse ». Sa plus grande partie est constituée par la forêt. Le bois est renouvelable, en effet. Mais il l'est sur une longue période. Plus on recherche la vitesse en matière de biomasse, plus on se porte vers des variétés aux effets négatifs. Les arbres à croissance très rapide, comme les pins, sont peu favorables à la biodiversité et peu propices à la conservation des sols.

Concernant la biomasse, nous sommes placés devant un problème technique qui peut changer la donne énergétique. Les arbres capturent le carbone. L'amputation massive de nos forêts contribue à l'aggravation de l'effet de serre. Aussi longtemps que l'humanité n'a pas mis au point des techniques nouvelles contre la production des gaz à effet de serre, la question de l'usage de la biomasse forestière doit être abordée avec précaution et dans certaines limites.

La difficile diversification des politiques d'énergies renouvelables

D'autres formes d'énergie s'offrent à nous. Elles sont cependant loin d'un stade de maturité suffisant. La diversification de la politique énergétique française est un exercice fort délicat. On le voit quand on passe en revue les différents types d'énergies renouvelables.

L'énergie marémotrice a été testée. L'expérimentation dans l'estuaire de la Rance n'a pas été concluante. L'énergie produite n'est pas négligeable. Mais les dégâts écologiques sont importants. Externalités négatives (le coût en émission de gaz à effet de serre de la construction des barrages) et rendements faibles ont privé cette forme de production d'énergie de la plupart de ses partisans.

Des travaux laissent penser que les océans pourront apporter des énergies renouvelables. Mais on en est encore au stade de la recherche fondamentale. Aucune technique n'est mûre pour convertir l'énergie de la houle ou pour jouer des différences de température entre les couches des océans. Les énergies tirées des océans sont potentiellement considérables. Mais elles ne peuvent pas constituer, à court terme, une source d'énergie massive.

Restent donc les formes d'énergies renouvelables connues : la géothermie, l'éolien et le solaire. Dans le cas de la géothermie, les techniques sont au point. Elle fournit environ les deux tiers de l'énergie consommée en Islande. La difficulté tient aux coûts : les sources d'eau chaude sont souvent très profondes. Leur exploitation nécessite donc des investissements importants. Autre difficulté : l'inégale répartition des sources d'énergie géothermique sur le globe. L'énergie issue de la géothermie ne peut remplacer les énergies fossiles que dans certains cas. La diversification de la production d'énergie ne peut pas, en France, s'appuyer sur cette forme d'énergie renouvelable.

Dans les domaines de l'éolien et du solaire, les choses sont différentes. Ces deux formes d'énergie partagent un inconvénient majeur : leurs unités de production sont petites, multiples et dispersées. Elles ne sont pas proportionnées aux énormes masses d'énergie dont ont besoin nos économies. Leurs variations et leur imprévisibilité les rendent également impropres à la consommation continue et régulière par l'appareil industriel. Ces types d'énergie ne sont pas encore à la hauteur du défi de la diversification énergétique. Ces deux formes d'énergie ont fait l'objet d'un enthousiasme généralisé. Plusieurs pays s'y sont rués en pensant y trouver une réponse aux crises énergétiques. Le coût de l'électricité ainsi produite est trop élevé. L'opération n'est pas rentable. La seule solution est d'intensifier la recherche scientifique sur ces procédés car subventionner sans limites est impossible.

Dans de multiples pays, on compte des installations photovoltaïques dont le coût d'installation est très élevé. On vient de s'apercevoir en France, par exemple, que le coût prévisionnel du soutien à l'énergie solaire va augmenter de 60 % en deux ans, ce qui finira par « retomber » sur EDF. Ces investissements génèrent de la dette publique. Une rentabilité incertaine rend financièrement fragiles ces installations. De plus, le gain écologique est contesté. Les techniques de fabrication des plateaux de silicium des panneaux photovoltaïques ont une empreinte carbone forte. Il n'est pas certain qu'au total les émissions de gaz à effet de serre soient réduites par le recours au photovoltaïque. Les autres centrales solaires ne sont pas non plus neutres écologiquement : les installations basées sur la concentration thermodynamique peuvent conduire à des accidents sous forme d'incendie et de pollution des sols.

Des progrès techniques seront sans doute réalisés d'ici une dizaine d'années. Mais, pour le moment, nous n'avons pas les techniques permettant de recourir massivement à ces énergies avec une efficacité économique rationnelle. Nous n'avons pas les instruments technologiques nécessaires pour organiser la rentabilité économique et l'efficacité énergétique de ces installations. Nous sommes pour le moment dépourvus des instruments de production d'énergie en masse à des prix compatibles avec les coûts de revient des autres types de production énergétique.

Faut-il sortir du nucléaire ?

C'est dans cette situation énergétique générale que se pose la question : faut-il sortir du nucléaire ?

Le mouvement écologique a réussi à attirer l'attention de l'opinion publique française tout entière voici peu de semaines à l'occasion de la négociation d'un accord électoral entre le Parti socialiste (PS) et Europe Écologie-Les Verts (EELV), où il avait demandé que soit décidée la sortie du nucléaire et où, sans aller tout à fait jusque-là, il a obtenu des engagements substantiels d'en réduire sensiblement la part. La stratégie des écologistes philosophes de la décroissance est articulée au niveau de l'Europe entière et conduite par des équipes très compétentes. Aussi bien a-t-elle déjà remporté d'importants succès puisque, depuis deux ou trois ans, la Suède, la Belgique, l'Italie et surtout l'Allemagne ont annoncé ou confirmé leur intention de sortir progressivement du nucléaire en deux ou trois décennies.

La France n'est donc pas seule dans cette affaire, qui concerne maintenant l'essentiel de l'Union européenne (UE) et fera bientôt apparaître au centre de l'Europe une zone de « dépression énergétique » qui posera des problèmes graves. C'est cette stratégie qu'il convient de discuter. Les décisions partielles de limitation de la part relative du nucléaire ou d'arrêt d'un certain nombre de centrales n'ont guère de sens en soi. C'est le principe qui fait problème.

Le mot « nucléaire », dès qu'il est prononcé, comporte par lui-même une double allusion, à la bombe et au cancer. On ne saurait trouver pire. La référence au nucléaire est donc devenue une manière de tabou. Il est très frappant et très notoire que dès qu'elle apparaît dans une conversation ou un débat, la sérénité disparaît, on ne s'écoute plus, de rares chiffres isolés de toute cohérence servent d'assommoir et l'on passe du dialogue à l'invective. Le nucléaire est maudit parce qu'il est dangereux et qu'il tue. Il tue même salement car au-delà des morts immédiats tués par l'acte de guerre qu'est l'explosion d'une bombe, il tue progressivement et par irradiation provoquant cancers et leucémies aussi bien chez les voisins de l'explosion qui n'ont pas été tués au premier choc que chez les accidentés de divers types de processus civil de production d'électricité.

Tout cela est fort effroyable et légitimement considéré comme dangereux. Mais, pour être dangereuses, ces potentialités du nucléaire ne relèvent pourtant ni de la sorcellerie ni de la magie maudite. Nous demeurons dans l'univers de la vie sur Terre aménagée par les hommes avec un souci de rationalité. À cause même de ses potentialités redoutables, le nucléaire a encore plus besoin que toute autre activité humaine d'être analysé, étudié et utilisé à la lumière des mesures les plus rigoureuses et des réflexions les plus exigeantes à la fois sur le plan logique et sur le plan éthique. Exorciser le nucléaire des fantasmes mortifères qui l'accompagnent est la condition majeure du retour à la sérénité pour décider de son emploi et de ses limites. Et pour exorciser le nucléaire il faut naturellement distinguer le militaire et le civil. Commençons par le nucléaire militaire.

La force nucléaire de dissuasion nous est-elle nécessaire ?

Je suis persuadé que l'énergie nucléaire poserait moins de problèmes si on entreprenait de se débarrasser de l'armement nucléaire. Dans la situation actuelle, le danger n'est pas grand de voir se déclencher des conflits nucléaires interétatiques. Les désaccords entre la Chine, la Russie, les États-Unis et l'Europe sont importants. Mais ils ne sont pas aigus au point que l'anéantissement d'un rival apparaisse comme une condition nécessaire de survie. Il n'y a plus d'État qui considère que la destruction de l'autre est une condition de sa propre pérennité. Ce qui est terminé, ce n'est pas seulement la guerre froide, mais c'est aussi l'antagonisme sociétal radical. Au contraire, nous sommes dans une phase de rapprochement des systèmes économiques, politiques et sociaux. Le vrai danger du nucléaire militaire est aujourd'hui le suivant : ces armes terrifiantes peuvent passer entre les mains d'autorités politiques susceptibles de les utiliser.

La prolifération, voilà le danger ! Lutter contre la prolifération, c'est aussi rehausser l'image du nucléaire civil.

Sur le plan juridique, un seul organe au monde peut légitimer le droit de l'humanité à employer la force pour se débarrasser d'une menace nucléaire : c'est le Conseil de sécurité des Nations unies (CSNU). Mais le Conseil de sécurité ne sera jamais en état d'adopter des sanctions économiques et plus encore militaires contre la prolifération aussi longtemps que certains de ses membres prétendront garder leurs armes. Qui peut imaginer que des puissances nucléaires, les cinq membres permanents du Conseil, décident d'une action armée contre un État détenteur de la bombe ? La composition même du Conseil rend inefficace la lutte contre la prolifération aussi longtemps que les « proliférants » en sont membres. Or la France en est. Les positions des cinq membres permanents constituent des « encouragements objectifs » à la prolifération nucléaire.

C'est un problème de première gravité. Certains experts stratégiques estiment qu'aucun conflit identifié n'est de nature à relever techniquement, à ce jour, d'un traitement par la dissuasion nucléaire. Les forces de dissuasion ne dissuadent personne. Il convient de se concentrer sur les cas spécifiques de l'Iran et de la Corée du Nord. Et, dans ce cas, la pertinence n'est pas à une frappe nucléaire mais à des frappes brutales ponctuelles précisément ciblées. L'urgence est là. La communauté internationale doit se construire une nouvelle légitimité afin d'augmenter la pression exercée sur ces pays.

De surcroît, étant donné les difficultés budgétaires où nous sommes, qui pourrait contester la nécessité de réduire les quinze milliards d'euros que coûte l'entretien de ces armements ? En matière géostratégique, les symboles ont leur importance. Ils ont aussi leur prix. Rien n'empêche de le réduire s'il est exorbitant. Dirais-je ici ma stupeur et en même temps ma gêne ou ma honte lorsque j'ai découvert que l'accord entre le Parti socialiste (PS) et Europe Écologie-Les Verts (EELV) ne comporte pas la moindre allusion au nucléaire militaire, le seul dont le risque d'emploi délibéré pour tuer grandisse avec la prolifération ? Le lapsus freudien est clair : c'est une source de croissance qu'il s'agit de faire disparaître et non une source de mort.

La légitimité de l'énergie nucléaire civile se trouverait moins contestée si le président de la République française pouvait faire état du démarrage de négociations sur la disparition des armes nucléaires. La démarche sera assurément de longue haleine. Mais elle mérite d'être engagée. En 2010 et 2011, à deux reprises, les présidents Obama et Medvedev ont rendu public un vœu commun de travailler à l'émergence d'un monde débarrassé des armes nucléaires. La France est restée tragiquement et indignement silencieuse sur ce sujet. Et puis, chacun chez soi, les deux présidents furent contrés par leurs lobbys industrialo-militaires locaux et la réunion quinquennale du Traité de non-prolifération (TNP), en mai 2011 à New York n'aboutit à rien du tout. Aux États-Unis, il fut vite clair que l'organe bloquant n'était pas l'état-major général des armées – qui sait fort bien n'avoir rien à faire de ces outils – mais le comité des quarante et un sénateurs – quelques Démocrates et beaucoup de Républicains – ayant dans leurs États des usines de fabrication d'engins nucléaires et qui entendent continuer à voir le budget fédéral leur passer des commandes… La mécanique de déconsidération du président n'a pas été bien différente en Russie.

Nous ne sommes donc plus du tout devant un problème d'urgence stratégique où les états-majors plaident qu'il n'y a techniquement rien d'autre à faire que de se préparer à l'usage de la bombe nucléaire. Nous sommes devant un problème purement politique où seule l'opinion publique pourra mettre fin aux agissements de ces fauteurs de guerre industriels qui, pour préserver leurs usines et les emplois correspondants, continuent à entasser les missiles en faisant semblant de croire qu'ils pourraient ne jamais servir, alors que la multiplication des détenteurs accroît de manière certaine la probabilité d'usage.

Bientôt, viendra le jour où l'opinion mondiale criminalisera cette attitude et accusera de crime contre l'humanité les agents de cette menace, une des plus lourdes des temps contemporains. Mais auparavant, que déjà les gouvernements s'engagent dans ce sens soulagerait grandement le danger de la prolifération.

On comprendra donc la nécessité de préserver une salubre méfiance devant quiconque souhaite voir réduire ou supprimer la part du nucléaire civil dans notre production électrique tout en restant indifférent au nucléaire militaire : ce quelqu'un-là a dans la tête autre chose que la pure et simple protection contre la menace de mort la plus urgente. Mais cela ne doit en rien empêcher de prendre une mesure sérieuse et combative contre la vraie dangerosité du nucléaire.

Dangerosité comparée de l'énergie nucléaire

À l'échelle de l'histoire humaine, l'énergie nucléaire est très récente. Dans la consommation mondiale d'énergie, sa part est fort restreinte. Elle ne constitue qu'un peu plus de 5 % de l'énergie totale consommée par l'humanité et 14 % de la production mondiale d'électricité. Son coût d'installation élevé et sa dangerosité ne permettent pas de procéder à une installation massive et rapide de centrales.

Toutefois, la perspective des pics énergétiques amène à se poser derechef la question de l'énergie nucléaire civile. Pour préparer un avenir énergétique marqué par la pénurie, pour encaisser le choc d'une croissance économique lente, nos pays ont besoin d'instruments énergétiques fiables.

La sortie anticipée du nucléaire aggraverait les conséquences sociales et économiques du passage des pics énergétiques, on vient de le voir. C'est un risque que l'humanité n'a pas le droit de courir. À l'échelle de l'histoire humaine, l'énergie nucléaire n'est pas une avancée irréversible. À moyen terme, elle constitue néanmoins un instrument irremplaçable de sortie de crise.

La question se pose donc de nouveau, à la France notamment. L'humanité a besoin d'instruments rationnels de mesure de la dangerosité afin de trouver les énergies dont elle a besoin. Une étude d'un bureau de recherche helvétique, l'Institut Paul-Scherrer, fournit la mesure des morts produits par chacune des formes d'énergie depuis la fin de la Seconde Guerre mondiale. Depuis 1969, les accidents liés à l'activité charbonnière ont fait 25 107 morts, principalement en Chine. Durant la même période, l'activité pétrolière a globalement causé 20 218 décès et les activités gazières, 2 043 décès. La production d'énergie hydraulique a causé 29 938 décès. Ils sont principalement dus à des ruptures de barrages. Les accidents liés à l'énergie nucléaire n'ont, eux, fait que 31 morts. Cette statistique n'est pas suffisante : elle ignore les maladies liées à l'irradiation. Mais les différences entre les bilans sont saisissantes.

On retrouve ce différentiel de dangerosité dans le bilan provisoire de la catastrophe de Fukushima. Les différentes autorités chargées de dresser le bilan décomptent 23 000 morts. La moitié a été causée par le *tsunami*, c'est-à-dire l'inondation. L'autre moitié résulte du tremblement de terre. On dénombre aujourd'hui au maximum trois morts par irradiation.

Il faut ajouter à tout cela des dangers de maladie et notamment de cancers et leucémies découlant d'une exposition à l'irradiation. Les études, les rapports sur le sujet confirment tous une extrême difficulté de mesure et des désaccords conceptuels entre experts sur les méthodes de prévision des nombres de cancers et de leucémies probables dans le futur.

Il reste que, à Fukushima, tous les décès enregistrés aujourd'hui sont de nature accidentelle. En dehors des 23 000 morts de l'inondation et du tremblement de terre, on a relevé pour les intervenants sur les réacteurs, deux noyés, huit cas de chutes graves, vingt-cinq blessés, dont deux par immersion d'une jambe dans de l'eau contaminée, qui furent immédiatement et efficacement traités. Un rapport non encore public écrit ensuite : « En termes de conséquences tardives, l'effectif global des personnels exposés et des niveaux de dose qu'ils ont subis ne laissent pas prévoir une augmentation décelable de leur risque de cancer. » Le rapport continue avec un *satisfecit* aux autorités de protection nucléaire.

Il en va de même pour la population locale, très vite et très largement évacuée en même temps que traitée préventivement à l'iode. On n'attend chez elle aucune menace sanitaire liée à l'irradiation. En fait, l'attitude japonaise a consisté à se prémunir – efficacement – contre le risque sanitaire dans l'ensemble de la préfecture, aggravé de très mauvaises conditions de transport et d'installation pour la population massivement évacuée. L'état sanitaire global actuel est donc bon sur le plan des dangers d'inondation, mais très marqué par un immense malaise psychique et social. C'est significatif mais lié surtout à l'angoisse devant le « risque atomique », aux incommodités de la vie en évacuation, aux incertitudes sur les conditions de retour sur place. On a enregistré quelques suicides et on s'attend à des interruptions de grossesse. Les dommages les plus graves sont donc les destructions causées par le tremblement de terre et par l'irradiation de certains territoires. La décontamination sera longue, coûteuse, et concernera plusieurs milliers de kilomètres carrés. Sur cinq cents kilomètres carrés, des moyens de génie civil hors normes seront nécessaires.

Tout cela est sensiblement moins grave que Tchernobyl. Mais on sait dans ce dernier cas que la centrale était particulièrement mal sécurisée. Le monde entier a cherché après Tchernobyl à renforcer la sécurité nucléaire.

C'est sur cet ensemble de problèmes qu'il est nécessaire d'arriver à construire des indices de dangerosité sérieux, comparables avec ceux des autres formes d'énergie, pour permettre aux autorités politiques d'effectuer ces choix difficiles dans la plus grande rigueur scientifique et la plus grande sérénité. Car il n'y a pas d'énergie sans risque. Il faut bien intégrer celui de l'effet de serre car on aura toujours énormément besoin d'énergie.

En tout cas, ce n'est sûrement pas parce qu'ils sont chinois pour l'essentiel qu'on pourrait tenir pour négligeables les beaucoup plus nombreux morts du charbon. Il faut se débarrasser de ces fantasmes et traiter la réalité de tous les risques.

Nous voici donc en présence d'une des exigences les plus fortes à l'égard du prochain président de la République. Il devra tout faire pour retarder l'arrivée du déclin énergétique entraînant une décroissance. L'Allemagne, l'Italie, la Suède ont renoncé à l'énergie nucléaire. Elles ont pris une décision irrationnelle. Cette décision ne tient pas compte de la dangerosité réelle des énergies. Elle relance la production des gaz à effet de serre. L'Allemagne a déjà annoncé son recours à de nouvelles centrales au charbon. Elle créera, dans une dizaine d'années, une « dépression énergétique » au cœur de l'Europe. Cela provoquera un ralentissement de la croissance. La France, grâce à ses installations électriques, sera en position de répondre à la demande par une hausse de ses exportations. Elle aura aussi à prendre la parole sur le fond du sujet. J'espère qu'elle se fera l'avocate d'un « *mix* énergétique » plus équilibré.

Nous sommes placés dans la perspective d'un débat animé avec nos amis écologistes. Le refus de la rationalité risque de bloquer toute réflexion sur ce sujet.

La question des déchets nucléaires

L'irrationalité des positions de certains « antinucléaires » se manifeste aussi dans la question des déchets.

Les trois premières générations de réacteurs à fission, auxquelles nous devons notre niveau de production électrique, produisaient des déchets importants et hautement radioactifs. Les techniques de recyclage des déchets permettent de séparer les éléments à radioactivité courte, allant de un à deux ans, et ceux qui ont une radioactivité longue. Certains déchets ont une radioactivité qui s'éteint en cent mille ans ou davantage. Mais le réchauffement climatique nous menace à une échéance plus proche, deux ou trois millénaires sans doute.

Le stockage des déchets à radioactivité longue est de toute première importance. Or, il est très mal accepté dans nos pays. Cela nous conduit à privilégier le stockage en surface. En général, il est réalisé dans des installations qu'on appelle « piscines ». Il s'agit de conditionnements d'eau. L'usine de La Hague est, en France, vouée à cet emploi. Il est non toxique. Les contentieux ouverts sur d'éventuelles maladies ont été jugés infondés. Toutefois, personne ne peut garantir la surveillance d'un site sur cent mille ans. Et surtout, un objet volant peut toujours tomber dessus. Cela peut même constituer des cibles pour les groupes terroristes – étatiques ou non – désireux de s'approprier des matières nucléaires. Le stockage en surface est donc une très mauvaise solution. La deuxième option de stockage est l'enfouissement. La technique est aujourd'hui maîtrisée. Les déchets sont enserrés dans des enveloppes vitrifiées, c'est-à-dire opaques aux radiations et ils sont entreposés à de grandes profondeurs dans des espaces ne comportant aucun risque sismique.

La difficulté est que, en raison de l'irrationalité qui accompagne ces sujets, la plupart des populations concernées n'accepte pas qu'on enterre des résidus nucléaires sous leurs domiciles ou sous leurs lieux de travail. Cela accentue le recours au stockage de surface. Jusqu'à présent, ces sites sont bien gardés. On sait aujourd'hui que le colonel Kadhafi, au temps de l'apogée de sa nocivité, a dépensé plusieurs milliards de dollars pour tenter de mettre la main sur des matières nucléaires. Il n'y est pas parvenu. Même pendant son déclin, l'URSS a préservé la sécurité de ses sites de stockage. Il serait néanmoins utile d'améliorer la rationalité de la réflexion publique sur le sujet. L'enfouissement apparaît comme une solution préférable.

La quatrième génération des réacteurs à fission, une chance à saisir

Pour traiter les déchets nucléaires, une troisième technique est disponible. La physique fondamentale a imaginé, voici déjà longtemps, le fonctionnement d'une quatrième génération de réacteurs à fission. Il s'agit des réacteurs à neutrons rapides ou des réacteurs à sels fondus associés au thorium. Ils ont la caractéristique de pouvoir utiliser comme combustibles les déchets des réacteurs des générations précédentes. La France était en pointe dans ce domaine. Elle avait fabriqué le réacteur expérimental Phénix. Il rencontra des difficultés de travaux publics. Mais il fit surtout l'objet de tests réussis. Il aboutit à un fonctionnement satisfaisant et déboucha sur la création d'un réacteur commercial de grandes dimensions connecté au réseau : Superphénix.

Superphénix avait pour combustibles des éléments issus de déchets nucléaires. Mais vinrent les élections législatives de 1997. Elles donnèrent une majorité seulement relative au Parti socialiste. Le gouvernement de Lionel Jospin dut s'allier avec Les Verts. Ceux-ci subordonnèrent leur participation à la majorité parlementaire et au gouvernement à l'abandon de Superphénix. Lionel Jospin, faute d'alliance de revers, consentit à l'arrêt de Superphénix. Cela se traduisit par l'arrêt des activités de recherche, par la dispersion des équipes et par la perte du savoir dans ce secteur. Il s'agit là, pour la France, d'un véritable drame de compétitivité internationale. Rares étaient les autres pays capables de maîtriser cette technologie prometteuse.

Qui d'autre au monde s'était engagé dans la mise au point de cette filière ? Pas les États-Unis. La recherche nucléaire américaine s'était arrêtée après les événements de Three Miles Island en 1979. Pas le Royaume-Uni. Ce pays n'avait pas d'interdit en matière de recherche nucléaire. Mais ses chercheurs ne se sont jamais investis dans le domaine. Pas le Japon ni l'Allemagne en raison des fortes inhibitions pesant sur ces pays en matière nucléaire. Des Italiens travaillèrent sur cette filière nucléaire. Ils le firent au CERN, à Genève. Mais l'Italie ne dépassa pas le stade expérimental.

Hormis la France, seule la Russie se lança dans la recherche sur les réacteurs à neutrons. Pendant le temps du pouvoir de Mikhaïl Gorbatchev, les scientifiques civils russes firent connaître au Politburo que leurs recherches avaient abouti à la maîtrise de la filière des neutrons rapides. Il s'agissait d'une découverte importante. Le Politburo la salua par un flot de félicitations et de médailles. Il demanda à ce que le résultat des recherches soit communiqué à l'état-major général de l'armée.

La Russie est, à l'époque, engagée dans une réduction du nombre de têtes nucléaires, à travers les négociations des traités START I et II. Dans ce contexte, le haut état-major soviétique répondit au Politburo qu'on n'avait plus besoin de nouvelles ogives nucléaires mais de vecteurs modernisés. Il proposa d'utiliser la technologie des neutrons rapides pour bâtir de nouveaux moyens de transport. Ainsi naquirent les réacteurs nucléaires à neutrons rapides destinés à la propulsion des sous-marins.

Les Soviétiques construisirent les neuf sous-marins de la classe Oscar II. Le plus célèbre d'entre eux est le *Koursk* qui explosa dans les mers du Grand Nord. Ces sous-marins sont les plus grands au monde. Ils font cent quatre-vingts mètres de long, quarante mètres de large et trente mètres de haut. Leurs compartiments à missiles mesurent soixante-dix mètres de long. Ils sont capables d'emporter de dix à quinze missiles nucléaires à têtes multiples. Chacun d'eux emportait la puissance nécessaire pour détruire au moins le quart de l'humanité. La disparition du *Koursk* reste inexpliquée. Les États-Unis et la Russie sont tombés d'accord pour l'appeler « accident ». La probabilité de l'accident n'est pas nulle. Celle d'un torpillage ne l'est pas non plus. Il est certain que l'existence du *Koursk* était, à elle seule, une violation du Traité de non-prolifération nucléaire (TNP) et la source de tensions diplomatiques importantes. Bref, en Russie, la filière des réacteurs à neutrons rapides ne sert plus à rien.

Les travaux visant à mettre au point une nouvelle filière nucléaire capable de détruire les déchets des générations précédentes et de produire très peu de déchets sont pratiquement à l'arrêt. Certes, la Russie relance son nucléaire civil. En France, l'emprunt national pour l'avenir décidé par le président Sarkozy a affecté une partie de ces sommes à la recherche sur ces filières, qu'il s'agisse des réacteurs à neutrons rapides ou des réacteurs à sels fondus et thorium. Avoir interrompu les recherches sur l'un des moyens les plus sûrs de détruire les déchets nucléaires est une erreur coûteuse que nous continuerons de payer longtemps. Mais il n'est pas improbable que, dans les générations qui viennent, l'humanité accepte de voir dans cette filière la meilleure méthode pour détruire la plus grande partie des déchets.

Quatre constats pour nourrir le débat français

J'ai jusqu'ici parlé en citoyen du monde. Je reviens maintenant à mon pays, à ses débats et à ses besoins. Dans les discussions nourries de la campagne, le problème énergétique et la question du nucléaire doivent occuper une place centrale. Reprenons le raisonnement et énumérons une série de constats. Ils sont salutaires pour les controverses hexagonales.

Premier constat : le nucléaire tue, mais il tue sensiblement moins que les autres énergies à puissant potentiel. Et quand les mesures de sécurité sont suffisantes, il ne tue pas. Il n'y a pas eu d'accident à conséquences radiologiques graves depuis soixante-dix ans en France. Une surveillance permanente et impitoyable est nécessaire pour cela. La maintenir est un devoir.

Deuxième fait : le nucléaire ne contribue pas à l'émission de gaz à effet de serre. Il est donc une arme dans la lutte contre le réchauffement climatique.

Troisième évidence : le nucléaire doit être préféré au charbon sur le long terme parce qu'il tue beaucoup moins et n'aggrave pas l'effet de serre.

Quatrième constat : le nucléaire est un moyen indispensable pour retarder l'entrée de l'humanité dans la pente descendante succédant aux pics énergétiques pétrolier et gazier.

Si on ne s'accorde pas sur ces quatre points, le débat s'arrête. Mais si on accepte ces constats, on doit en tirer une série de conclusions claires. L'énergie nucléaire civile est plus ou moins employée partout dans le monde, en tout cas dans les économies développées. Mais c'est la France qui a développé le nucléaire à son maximum. La France est l'unique pays au monde où plus de 75 % de l'électricité sont produits par les centrales nucléaires. Étant donné la taille de son économie, cela classe la France au troisième ou quatrième rang des producteurs mondiaux d'énergie nucléaire. Surtout, la France est le pays qui a poussé le plus loin la maîtrise scientifique, technologique et industrielle de la filière. Du traitement du minerai jusqu'à la fabrication des combustibles, de la construction des centrales à leur démantèlement en passant par leur maintenance et le conditionnement des déchets à leur retraitement, la France contrôle mieux que quiconque la totalité de la filière. Elle affiche un résultat spectaculaire. En soixante ans d'existence, la filière nucléaire civile française n'a connu que quelques accidents. Il s'agissait, j'y insiste, uniquement d'accidents de travaux publics. Il n'y eut aucun accident nucléaire à proprement parler. Aucun mort civil n'est dû à la radioactivité. Les radiations nucléaires n'ont pas tué en France sinon, peut-être, au début de l'aventure, quelques ouvriers des mines d'uranium.

Cet acquis est considérable, mais il est temporaire et peut-être précaire. La Chine, le Japon et, s'ils le décident, les États-Unis peuvent nous rattraper. Ils mettront peu d'années à parcourir le même chemin et à arriver à une maîtrise comparable à la nôtre. Le nucléaire, avantage comparatif de la France dans les échanges mondiaux, ne peut pas se considérer hors de portée de ses compétiteurs.

Un autre élément est à prendre en considération : la scène européenne. L'Allemagne, la Suède et l'Italie se sont engagées dans des processus de ralentissement ou de cessation progressive de l'activité nucléaire. Ces décisions conjuguées créeront une sorte de « dépression énergétique » en Europe. Elle sera perceptible dans une dizaine d'années, guère plus. Ce sera précisément au moment où les volumes de ressources disponibles en pétrole et en gaz naturel baisseront sensiblement. Il est hors de propos d'espérer que la mutation vers une société totalement écologique à consommation d'énergie très faible et vivant de production durable et biodégradable soit acquise à ce moment-là. Il faut donc s'attendre, pour la décennie à venir, à la survenue d'une véritable « famine énergétique » en Europe. Elle sera perceptible dans la hausse brutale des prix des énergies fossiles. Il n'est pas impossible que, durant cette période, les États-Unis reviennent au-devant de la scène nucléaire. Ils ont beaucoup de retard à combler. Et leurs préoccupations seront centrées sur la demande intérieure d'énergie. Il faudra attendre un peu avant qu'ils ne songent à exporter. Les grands pays émergents, eux aussi, ont d'immenses besoins. Leurs priorités seront internes, dans un premier temps du moins. L'appétit énergétique de la Chine se lit déjà dans sa diplomatie. Mais ne surestimons pas la durée de notre relatif répit. La conservation d'un avantage économique presque absolu est loin d'être acquise à moyen terme. Elle exige des efforts dès maintenant. Pour anticiper la hausse des prix énergétiques. Et pour maintenir à la France un de ses atouts industriels majeurs.

Dans le débat français, la question ne peut pas être de savoir si on maintient un peu de nucléaire ou si on l'arrête tout de suite. Il ne peut pas être question de se « débarrasser » du nucléaire comme on l'entend trop souvent chez nous. Il est presque inepte de demander la fixation d'une date, lointaine ou rapprochée, pour la sortie du nucléaire. La seule question véritablement présidentielle est de savoir précisément dans quelles proportions le nucléaire est moins dangereux que le pétrole et le charbon pour les hommes et pour la planète. Si on pose la bonne question, la bonne réponse est évidente : relançons le nucléaire, à la face de la planète, avec toutes les précautions de radioprotection nécessaires. C'est, effet de serre compris, moins dangereux que le charbon.

Il en va de notre sécurité énergétique et de notre santé économique. Après avoir été un certain temps équilibrée, à la fin de la décennie 1980, puis structurellement excédentaire durant la décennie 1990, notre balance commerciale est entrée, depuis l'an 2000, dans la spirale d'un déficit structurel en voie d'aggravation constante. Les branches les plus modernes de notre industrie – informatique, automobile – sont loin d'être aux premiers rangs mondiaux. Elles sont toutes menacées. Nos meilleures branches – aéronautique, spatial, agroalimentaire – sont soumises à une concurrence croissante. La situation, dans ce combat, est lourde d'incertitudes en matière d'emploi. La décision explicite de reprendre l'aventure nucléaire nous ouvre de nouveau un chantier majeur.

Ayant de furieux besoins d'exporter de l'énergie plutôt que de l'importer, n'ayant guère les moyens budgétaires d'une réorientation fondamentale de notre politique énergétique, disposant d'un patrimoine internationalement reconnu (parc de centrales, savoir-faire industriel et maîtrise scientifique), la France n'a besoin que de décision politique. Sa situation exige un engagement présidentiel clair pour relancer et étendre l'usage d'une forme d'énergie qui lui fournit, selon les estimations, entre deux cent mille et cinq cent mille emplois directs et indirects. L'idée de reprendre et d'améliorer notre part de marché dans le monde est potentiellement créatrice d'emplois par dizaines de milliers. Elle peut faire rentrer des devises par milliards d'euros. Car le danger menace. Le nucléaire français vient de perdre deux ou trois chantiers à l'exportation ces dernières années. La raison est évidente, elle tient aux prix : le monde est tellement assoiffé d'énergie qu'il est prêt à renoncer à une partie des exigences de sécurité à cause de leur coût. La France a encore, peut-être pour pas très longtemps, une chance de pouvoir imposer au monde les normes les plus exigeantes. Il nous reste un petit nombre d'années à être à peu près sans concurrent à notre niveau, sécurité comprise. C'est une fenêtre d'opportunité qui doit être utilisée. Dans l'immensité des menaces graves qui affectent l'humanité en général et notre économie en particulier, il s'agit ici de la seule vraie chance constitutive qui reste à la France.

Levons toute ambiguïté : si l'analyse des catastrophes de Tchernobyl et de Fukushima devait démentir le cœur de ma réflexion sur le nucléaire, sortir du nucléaire redeviendrait une perspective sérieuse. Mais tant que le regard objectif et l'examen des chiffres confirment que la peur du nucléaire est fondée sur des extrapolations et en partie sur des fantasmes, il ne faut pas renoncer. Le choix est clair, il faut retarder le drame de l'entrée dans la régression énergétique. Dans ces conditions, la France a la chance d'une aventure qui lui soit propre et qui est seule de nature à maintenir des emplois, une crédibilité industrielle et commerciale ainsi qu'une influence mondiale.

Les coûts de la sortie du nucléaire

Renoncer au nucléaire civil présente en outre des coûts nombreux et importants. Le cas de l'Allemagne permet de le vérifier. Et l'importance du parc français de centrales entraîne que ces coûts seraient chez nous bien supérieurs à ceux de l'Allemagne. On ne pourrait les imposer que si la sortie du nucléaire répondait à une exigence de sécurité incontestable. On a vu que c'est loin d'être le cas. Raison de plus pour y regarder de plus près.

Les coûts sont sociaux : la filière nucléaire compte des emplois en nombre. Leur destruction pourrait être compensée par la création d'emplois dans les énergies renouvelables. Mais l'ajustement ne serait pas sans difficultés et sans incertitudes. Il est largement probable qu'au total on y perde beaucoup d'emplois. Les coûts de la sortie du nucléaire sont écologiques : le démantèlement d'une centrale nucléaire appelle l'installation d'une centrale au gaz naturel ou au charbon.

Les coûts sont évidemment financiers. Berlin estime à vingt milliards d'euros le démantèlement du petit parc de centrales en Allemagne. En France, le démantèlement de notre très vaste parc aurait un prix bien supérieur. Dans le cas français, on ne dispose pas encore d'études publiques convaincantes. Il y a quelque temps, le président d'EDF[4] estimait à quatre-vingts milliards d'euros le coût du démantèlement pour le parc français. La somme est bien supérieure au chiffrage allemand. Ce n'est pas une surprise. La taille du réseau de centrales nucléaires français est bien supérieure à celle du réseau allemand. Environ 80 % de notre production électrique totale sont issus de la filière nucléaire. Un chiffrage plus consensuel et multilatéral est bien entendu nécessaire. Le coût financier promet d'être immense, même s'il est ajusté par rapport aux projections émanant d'EDF qui n'est pas sans intérêts dans le

4. http://www.leparisien.fr/economie/sortie-du-nucleaire-un-million-d-emplois-mis-en-peril-selon-le-pdg-d-edf-08-11-2011-1709010.php et http://www.liberation.fr/depeches/01012370292-henri-proglio-une-sortie-du-nucleaire-augmenterait-le-prix-de-l-electricite.

débat. Ce coût révisé sera peu compatible avec les difficultés de financement des pouvoirs publics français.

Appel à nos amis écologistes

Le soutien au nucléaire comporte lui aussi un coût. Il est électoral. Le candidat socialiste peut y perdre le soutien des écologistes. Je leur lance ici un appel. Les sociaux-démocrates ont, avec les écologistes, un nombre considérable de points d'accord. Nous recherchons tous une société moins énergivore. Nous souhaitons tous donner la priorité à de nouveaux modes de transport, de consommation et de production. Nous partageons tous une réelle hostilité au nucléaire militaire.

Par-dessus tout, nous sommes convaincus, écologistes et sociaux-démocrates, que la croissance sera lente. Là est notre divergence profonde avec la droite. La droite croit ou fait croire à une « sortie de crise » par un sentier de croissance dynamique. C'est irréaliste. Mais c'est inévitable pour ce camp politique : la droite a pour seul programme social de faire croire à une croissance rapide. Notre devoir politique est de faire en sorte qu'il y ait toujours de la croissance. Sans croissance, même lente, nous renonçons à l'espoir de réduire les inégalités, la précarité et le chômage.

Menons avec vous, amis écologistes, ce double combat ! Contre l'illusion d'une croissance dynamique. Et contre l'idée d'une renonciation à la croissance. La bataille est à double front contre la croissance rapide et contre la décroissance.

Nous, sociaux-démocrates, vous invitons à reprendre le débat sur le nucléaire civil à la lumière de ces données. Évaluons posément les risques ensemble. Prenons en compte tous les dangers, écologiques, sociaux, économiques et politiques.

Subordonner les chances de l'alternance politique à une position doctrinale n'est pas responsable. Il n'y a malheureusement pas d'énergie indolore et sans risque.

Les priorités d'un gouvernement de gauche sont claires.

Tout d'abord, il convient de reprendre la recherche sur les réacteurs à neutrons rapides. Nous avons toutes les chances d'y trouver le complément d'énergie dont nous avons besoin et la solution aux déchets des trois précédentes générations de réacteurs. Ensuite, nous devons lancer une initiative pédagogique pour dédramatiser la question du nucléaire. Sans l'énergie nucléaire, nous n'arriverons pas à stabiliser la situation économique avant l'entrée dans l'ère de la raréfaction brutale des énergies fossiles. Enfin, nous devons investir massivement pour rattraper notre retard en matière d'énergies renouvelables. Les énergies renouvelables ne peuvent en aucun cas entrer en rivalité avec l'énergie nucléaire. Il y a entre elles complémentarité et non pas concurrence. La politique nucléaire est une politique de production massive. La politique du renouvelable n'est, pour le moment, qu'une politique de recherche et de développement.

Amis écologistes, nous pouvons nous regrouper autour de ces trois initiatives. Ne laissez pas une position de principe compromettre la possibilité, pour vous comme pour nous, d'agir énergiquement contre le réchauffement climatique et la décohésion sociale !

La taxe carbone, une solution d'avenir

Il est nécessaire de déterminer quel « *mix* énergétique » est susceptible d'assurer une croissance minimale tout en luttant contre le réchauffement climatique.

Sur ce sujet, la communauté internationale n'a jusqu'à présent pas réussi à définir une stratégie crédible. Elle a échoué à mettre en place une doctrine de dissuasion pour la production de gaz à effet de serre. L'histoire de cet échec est malheureuse. Elle nous renvoie à un passé peu glorieux. Il faut néanmoins la garder à l'esprit afin de préparer des solutions d'avenir pour la lutte contre le réchauffement climatique.

J'ai rappelé, dans le chapitre 1, comment l'effet de serre a été étudié dans son fonctionnement et dans ses conséquences. On s'en souvient, c'est au début des années 1980 que s'aggrave le débat entre jeunes climatologues et géologues établis. C'est en 1986 que Pérez de Cuéllar obtient la fondation du GIEC. L'ordre du jour du sommet de la Terre à Rio de Janeiro en 1992 ne comporte pas la mention du changement climatique. Comment est apparue l'ambition de lutter contre ce phénomène grâce à l'instrument fiscal ?

C'est dans la période préparatoire au sommet de la Terre que le hasard voulut que je fusse nommé Premier ministre.

La controverse sur l'effet de serre commençait à apparaître dans la presse, pas encore vraiment dans les milieux politiques. J'obtins alors du président de la République son accord sur l'idée de convaincre autant de nations que possible de l'extrême gravité de cette menace. C'est ainsi que vingt-quatre nations[5] nous rejoignirent à La Haye en mars 1989 pour mettre au point, signer et publier une déclaration majeure décrivant la menace et en appelant à toutes les autres, c'est-à-dire à l'ONU, pour mettre en place un mécanisme de décision efficace pour mener ce combat.

---

5. Dont certaines très importantes : Australie, Japon, Brésil, Canada, Indonésie et presque toute l'Europe, mais aucun membre permanent du Conseil de sécurité en dehors de la France.

Cette déclaration entraîna l'élargissement de l'ordre du jour de la conférence dite du « Sommet de la Terre » à Rio de Janeiro en 1992 et qui devait traiter des pollutions, des déchets et des atteintes à l'environnement. On y ajouta le climat, ce qui permit l'adoption de la Convention-cadre des Nations unies contre le changement climatique (CCNUCC).

Dans cet esprit, et en application de l'appel de La Haye, je parvins à créer dans l'administration française une petite force de frappe scientifique nommée « Mission effet de serre ». Cette mission s'attaqua à la question de savoir comment réduire fortement le volume de nos émissions de gaz à effet de serre. Elle commença par le gaz carbonique, négligeant le méthane que, dès que possible, il ne faudra pas oublier. Et elle retint assez vite le principe d'une taxation dissuasive, dite « taxe carbone », qui devait frapper forfaitairement pour les petites émissions, individuellement pour les grosses unités, toute émission de gaz carbonique. D'un montant modéré au départ, elle devait augmenter régulièrement pour devenir fortement dissuasive et inciter à d'autres processus de production ou à la recherche d'autres sources d'énergie.

La France proposa ensuite, vers 1993-1994, cette solution à l'Union européenne qui fut largement convaincue. Mais, pour de fortes raisons de concurrence sur le marché de l'électricité (la sienne étant principalement charbonnière), l'Allemagne demanda que le nucléaire français fût aussi taxé pour moitié. La France refusa. Et c'est ainsi que l'Europe se présenta divisée à la sixième conférence de la série CCNUCC, celle de Kyoto en 1997, qui se réunit dès lors sans perspective claire et sans *leadership*.

Or les États-Unis arrivaient à cette conférence avec leur double hantise culturelle : rejet de toute solution publique contraignante et rejet de tout impôt. Ils proposèrent un système « commercial » ou « *market compatible* ». Il s'agissait de créer des permissions d'émettre, des quotas, en volume défini par grosse unité de production, quotas susceptibles d'être vendus ou achetés sur un marché spécifique. Faute d'autre perspective claire et de vrai soutien à la taxe, la conférence retint le principe, avec l'espoir, puisqu'on adoptait leur idée, de voir les États-Unis ratifier le Protocole de Kyoto. Il n'en fut rien et leur rejet faillit même tuer l'idée d'un système de quotas.

Mais l'Union européenne voulait être exemplaire en matière écologique et créa un tel système chez elle. Il fut décidé en 2000 et fonctionna à partir de 2005. Mais il fonctionne très mal. La récession économique de la fin de la décennie fit baisser le prix du pétrole, ce qui entraîna celle, massive, du prix des quotas qui demeurent toujours à un niveau très insuffisant pour être dissuasif. Et ce marché est immensément spéculatif, ce qui annihile les résultats qu'on en attend. De plus, en Europe, seule à l'avoir mis en place, il ne concerne que dix-huit mille grosses unités de production d'électricité ou de matériaux (mille quatre-vingts en France à peu près). Le système des quotas couvre 60 % de la production allemande de dioxyde de carbone et 40 % de la production française. Que fait-on pour le reste ? La Suède a créé chez elle, voici dix ans, une taxe carbone complémentaire qui fonctionne très bien et qui atteint maintenant cent euros à la tonne de gaz carbonique. Cela devient dissuasif.

Le président Sarkozy a un moment compris la nécessité de se rallier à un système de cette nature et donc, pour la France, d'en prendre l'initiative. Mais la loi correspondante, mal ficelée, a été rejetée par le Conseil constitutionnel pour cause de rupture de l'égalité devant l'impôt. Cette raison était imparable et cela voulait dire seulement qu'il fallait beaucoup plus de précision et de sens de l'équité dans la mise au point du système. Au lieu de quoi tout fut abandonné. Il ne resta rien.

Cette attitude est à la fois scandaleuse et dangereuse. Le monde accepte une aggravation du réchauffement climatique. Faute d'exemplarité nulle part – la Suède est trop petite, l'Australie s'y met mais bien tard – les conférences de la série CCNUCC échouent toutes : Copenhague quinzième conférence, Cancún seizième conférence et Durban dix-septième conférence.

Or la rentabilisation des énergies renouvelables suppose le renchérissement des fossiles. La recherche d'un monde stabilisé, à la croissance lente mais assurée, exige que, dans le système énergétique de demain, le réchauffement climatique soit énergétiquement combattu. L'initiative est à reprendre.

Bref, par quelque bout qu'on prenne le problème et en dehors des fracas de la grande bataille financière planétaire qui s'annonce, il est difficile de penser que la politique énergétique ne soit pas au cœur du destin de la France dans les temps qui viennent. Sur ce problème en effet, comme au Moyen-Orient et dans bien d'autres domaines, les États-Unis laissent en déshérence un *leadership* que l'Europe et donc la France ont le devoir d'assumer de nouveau.

CHAPITRE 7

Réformer l'État sans dépenser plus

La France a rarement connu situation aussi dure dans ses services publics. D'une part, le besoin de réforme est patent. D'autre part, les marges d'action budgétaires n'ont jamais été aussi réduites. Réformer sans dépenser, voilà le défi !

Pour le relever, je vois plusieurs pistes prometteuses. Je les signale dans l'espoir de les voir utilisées par les prochains pouvoirs publics. La volonté de réforme ne doit pas être abandonnée au motif que nous n'avons pas encore jusqu'ici su nous réformer sans coûts, sans drames ou sans effets pervers.

La parabole des cartes grises en Gironde

Je ne saurais commencer ce chapitre sans conter ici une anecdote que j'ai connue par tradition orale et qui doit être vieille d'une quarantaine d'années. Elle n'a plus d'autre intérêt que méthodologique mais elle est éclairante pour mon propos.

Nous sommes au début de la Cinquième République. Le drame algérien ayant atteint son terme, la grande affaire est désormais de refonder l'État. Le dernier livre du Club Jean-Moulin s'intitule *L'État et le citoyen*. Le gaullisme est en train de s'institutionnaliser. Il reçoit l'appui intellectuel de jeunes fonctionnaires mendésistes parmi lesquels je me situais. Il faut réformer l'État, mais celui-ci est pauvre. C'est difficile. Il y a des abcès de fixation partout. Au service des cartes grises de la préfecture de Gironde, la file d'attente des demandeurs dure trois heures. Les fonctionnaires sont fatigués, harcelés et, de ce fait, grincheux. Le préfet demande des crédits supplémentaires pour réformer ce service. Il se les voit refuser une fois, puis une deuxième fois, l'année suivante. Au troisième refus, la colère gronde.

La trentaine d'agents se réunit alors en assemblée. Ladite assemblée, sans consulter quiconque, de son propre chef, décide de mettre à la corbeille à papiers tous les formulaires et questionnaires imprimés par les services centraux de l'État pour cette procédure. Elle les remplace par de nouveaux formulaires ultra-simplifiés et seulement ronéotés, établis par les agents eux-mêmes. L'assemblée décide également de classer toute demande dès son dépôt dans l'une ou l'autre de deux catégories « normale », qui est constituée de 98 % des cas, et « cas particuliers ». L'assemblée décide aussi de déplacer dans l'unique et immense salle du service tables et fonctionnaires de manière qu'ils se succèdent dans l'ordre même de la procédure. L'assemblée affecte enfin un unique bureau distinct aux « cas particuliers ».

Au bout d'une semaine de cet exercice que préfet et secrétaire général de la préfecture avaient fait mine de ne pas remarquer, le délai d'attente pour les procédures normales était descendu en dessous d'un quart d'heure. On découvrit même qu'il y avait assez de fonctionnaires dans ce service et qu'ils disposaient d'un peu de temps libre dans la journée. Une petite économie apparut même dans le budget de fonctionnement du service. Elle servit à repeindre le local. Naturellement aucune direction, surtout centrale, n'aurait pu percevoir et moins encore mettre en œuvre les idées qui ont fait cette « miniréforme ».

Je n'ai jamais pu oublier cette anecdote, tant elle symbolise ce qu'il faut comprendre, quand on parle de la réforme de l'État.

Renoncer au centralisme autoritaire

En matière de centralisation administrative et politique, un constat empirique doit être de nouveau souligné. Depuis plus d'un siècle, plusieurs régimes républicains successifs l'ont dressé sans en tenir compte : l'excès de centralisme émousse l'action administrative et compromet les chances de réforme des pouvoirs publics.

Entre la réforme par la loi depuis le sommet et la négociation patiente, il y a un océan d'écoute et de compréhension. L'oubli des particularités de chaque service est à l'origine directe de la prétendue incapacité de la France à se réformer. Pour remettre la France à la pointe de la compétitivité dans tous les domaines, le pays doit disposer de services publics modernes et efficaces. Or toute réforme menée autoritairement depuis le centre coûte de l'argent parce qu'il faut mettre de l'huile dans les rouages et parce qu'il faut compenser financièrement les pertes non négociées d'argent, de pouvoir ou de prestige occasionnées par la réforme.

Toute la difficulté de l'exercice vient du tarissement des moyens financiers publics. La réforme des services publics est prise entre, d'une part, la nécessité urgente de réforme et, d'autre part, l'absence de ressources budgétaires. Il nous faut apprendre à réformer sans dépenser. Le prochain président de la République doit apprendre cet art nouveau de la réforme. Dans une situation soumise à de telles contraintes, l'approche par la négociation est une condition absolue de succès.

Il est deux exemples particulièrement significatifs des dégâts que peut produire l'excès de centralisme. Ils sont fort analogues. L'un porte sur la décennie 1960 et l'autre sur la décennie 2000. Ils s'appellent l'un la Rationalisation des choix budgétaires (RCB) et l'autre la Révision générale des politiques publiques (RGPP). Dans l'un et l'autre cas, il s'agit de processus sophistiqués, de procédures intellectuelles visant à définir, rechercher et si possible quantifier toutes les données nécessaires à l'évaluation complète et systématique des coûts d'un service public, de son efficacité, de son rendement, de ses effets directs et secondaires ainsi que de la qualité du service rendu. Mises en système et traitées selon une méthodologie rigoureuse, ces données peuvent permettre d'introduire une rationalité beaucoup plus grande dans l'ensemble des choix budgétaires, et même, pour la seconde, des choix de politique générale du pays.

Il se devine assez facilement que la principale condition de réussite de la procédure est son objectivité. Pour que la formalisation explicite des choix alternatifs soit juste, il est essentiel que les données ne soient pas biaisées et soient traitées avec une correction rigoureuse. L'emploi des merveilles de sciences humaines que sont les outils mis au point par des économistes, des sociologues et des administrateurs de talent exigeait la pleine et entière coopération de tous les services. Ils pouvaient devenir des outils d'éclairage des choix budgétaires et politiques aussi bien centraux que décentralisés. En outre, chaque service successivement concerné étant le maître du rassemblement des données, on pouvait légitimement en espérer un accueil satisfaisant des conclusions voire un certain enthousiasme à les appliquer.

Mais nous sommes en France. C'est un pays où les gouvernements se veulent et se sentent toujours pressés, sont gros demandeurs de symbolique et sont incapables de travailler à long terme. C'est un pays aussi où, plus qu'ailleurs, l'administration a comme principe de base la méfiance vis-à-vis de tous : politiques, fournisseurs, clients, administrés et plus encore échelons de base des administrations. La France est enfin un pays où le ministère des Finances, plus qu'ailleurs encore, a su construire un empire complètement centralisé et parfaitement ramifié qui lui donne de fait un veto absolu sur toute décision nationale ou même locale prise par d'autres ministres que le sien, cela à l'encontre de décisions ministérielles ou même du Premier ministre, voire du président de la République !

Pas question donc de laisser les services s'autoanalyser sous l'impulsion et la conduite débonnaire d'un comité savant. On a fait très vite de la RCB puis de la RGPP des outils brutaux entre les mains des Finances, dont l'usage s'est limité à fournir l'argumentaire de réductions d'effectifs, sans pratiquement s'occuper d'autre chose. Pour poursuivre cette fin-là, on n'avait nullement besoin d'un tel raffinement. Le résultat est confondant. Tous les services dépensiers ont perdu confiance dans la manière dont les Finances les traitent. L'annonce que, autrefois la RCB et aujourd'hui la RGPP, vont entrer en activité dans un secteur donné produit une angoisse et une colère générales. Tous les services, chefs compris, adoptent une attitude de hérisson. Ils offrent au pénétrant extérieur le moins de prises et le plus de piquants possible.

Loin de moi l'idée de penser qu'il n'y a nulle part de sureffectifs, naturellement. Mais ce n'est assurément pas de la sorte qu'on ira au bout du problème. Et surtout il est à la fois imbécile et scandaleux de penser que la réforme de l'État se limite à la seule diminution de ses effectifs. Or, à la seule exception des krachs boursiers, les multiples mutations redoutables décrites au début de ce livre sont certaines mais à progression lente. On aurait le temps, si on le voulait, de donner « du temps au temps », car il en faudra pour se débarrasser d'un centralisme aussi sommaire et aussi asphyxiant.

Un autre axe d'action est d'exploiter à fond les avantages de réformes encore inabouties. La France est loin d'être allée jusqu'au bout de la régionalisation. Elle n'a pas su tirer tous les avantages de cette réforme majeure. La création d'établissements publics puis de collectivités territoriales bénéficiant d'une certaine autonomie à l'échelon régional préparait l'avenir. Ce projet prometteur n'a pas été pleinement réalisé. Tout se passe comme si les régions n'avaient pas été suffisamment prises au sérieux en tant qu'autorités publiques. Il n'a jamais été envisagé de leur confier la gestion du fonctionnement de services publics en remplacement de l'État. En effet, au moment de la constitution des régions, les attributions dévolues aux nouvelles collectivités ont toutes porté sur l'investissement et non pas sur la gestion de services. Il y a là une piste à explorer. La proximité entre citoyens et services publics garantit une efficacité accrue. Elle renforce la pertinence de l'action publique. Or la toute récente Réforme de l'administration territoriale (RéATE) semble prendre l'option inverse. Dans l'état actuel des textes, elle semble devoir contribuer à renforcer les départements et affaiblir les régions. C'est rigoureusement l'inverse qu'il faudrait faire. Le dossier reste donc ouvert, hélas.

La rénovation des services publics français passe par la décentralisation et la déconcentration. Je le répéterai inlassablement. Contrairement aux apparences, ces champs n'ont pas été véritablement explorés. Mettre en œuvre une décentralisation véritable et une déconcentration énergique marquerait l'entrée dans un nouveau style de gouvernement. Confier certaines réformes à l'échelon local ou régional, voilà la révolution administrative à venir.

Cette réforme est entravée par une controverse récurrente entre État et collectivités à chaque nouveau transfert de responsabilités. L'État a été infidèle à ses promesses dans bon nombre de cas, notamment en sous-estimant les transferts de ressources devant accompagner les transferts de charges ou de compétences. Mais la collectivité la plus désignée pour porter une réforme est celle qui combine le mieux la proximité des citoyens, des usagers et des administrés avec un horizon territorial assez large pour inclure ville et campagne, direction et gestion, ressources suffisantes et dépenses. Bon nombre de réformes pourraient être portées avec vigueur et efficience par l'échelon régional.

Il faut remettre à l'ordre du jour l'idée d'une décentralisation négociée. Le transfert de compétences et de charges par le biais de lois unilatéralement élaborées est une approche minimale de la démocratie. L'État a besoin qu'on prenne son relais pour réformer les services publics. Il convient de remettre à l'ordre du jour une négociation sur les transferts de pouvoir et les transferts de charges. Les Agences régionales de santé (ARS) sont une étape importante dans ce sens. Il y a beau temps que le ministère de l'Équipement est la plus déconcentrée des grandes administrations. Cela lui permet de mieux répondre à la décentralisation. À l'évidence, les deux champs sur lesquels il reste beaucoup à faire pour que les administrations retrouvent la source de leur dynamisme dans l'autonomie régionale, et redonnent créativité et efficience économique à nos services publics sont l'éducation et tout le champ social, qu'il gère le droit ou la prestation, qu'il soit assurantiel ou caritatif. Ce chantier est absolument nécessaire. Le prochain président de la République pourra le lancer avec profit. Il fera ainsi concourir l'État et les collectivités au même effort de rénovation des services publics.

On peut aussi, à propos du centralisme, conter ici une autre anecdote destinée à inspirer nos successeurs. Après tout, je suis aussi un classique et j'ai aussi des fidélités aux thématiques collectives de mon métier quand elles résistent à un examen national. Je suis donc, comme la majorité des fonctionnaires de la Cinquième République, un fonctionnaire qui croit à la déconcentration et qui pense que l'effort de décentralisation politique et administrative vers les collectivités régionales et locales serait profondément étayé et consolidé par une déconcentration concomitante de l'appareil d'État.

Nommé Premier ministre, je fais comme mes prédécesseurs. J'envoie aux membres de mon gouvernement une circulaire comminatoire leur prescrivant de déconcentrer. Comme d'habitude, il ne se passe à peu près rien. Je mets longtemps à comprendre que tout ministre recevant une telle circulaire la confie à son cabinet et à ses directeurs d'administration centrale. Le cabinet n'y pouvant rien mais n'osant pas le dire, les directeurs restent seuls concernés. Or, pour tout directeur conséquent, s'amputer d'un service en l'envoyant en province, ou s'amputer d'une tâche, c'est diminuer sa propre importance, le nombre des fonctionnaires qu'on commande. Et par là le niveau de son échelon hiérarchique voire la surface de la moquette de son bureau. Même par circulaire, on ne saurait convier ses subordonnés à des démarches suicidaires.

Il me vint donc l'idée, subversive celle-là j'en conviens, de demander ce qu'en matière de services, de compétences ou de procédures, on pouvait bien déconcentrer non pas aux victimes potentielles d'une telle procédure mais au contraire à ses bénéficiaires potentiels ou en tout cas à ses observateurs passifs, les infatigables boîtes à lettres entre l'État et le terrain : les préfets de région.

Le ministre de l'Intérieur, Pierre Joxe, m'avait déconseillé cette initiative. Elle était pour lui déplacée. C'est pourtant lui qui fit, quelques mois après, en séminaire gouvernemental au château de La Celle-Saint-Cloud, un rapport enthousiaste et drolatique sur les résultats ébouriffants de cette procédure court-circuitante et inhabituelle. Non concernés mais observateurs sagaces, les préfets de région s'étaient pris au jeu et s'étaient livrés à une radiographie rigolarde des stupidités inhérentes à l'organisation d'un État qui ne sait qu'ajouter ou inventer de nouvelles tâches, services ou structures mais rarement les transformer et jamais les supprimer.

C'est ainsi qu'en séance, alors que nous n'étions pas dans le formalisme juridique nécessaire à la décision, nous prîmes justement la décision de supprimer… le service national de la colombophilie, héritier du transport des messages secret défense par les pigeons voyageurs. La deuxième décision que nous prîmes fut de nous intimer à nous-mêmes, ministres, l'ordre de prendre toutes les décisions suggérées par les préfets de région.

C'est très peu après que l'Irak envahit le Koweït. Nous changeâmes, moi aussi, d'objet de préoccupation. Je n'ai aucune idée de ce qui s'est passé ensuite… mais je viens de prendre plaisir à suggérer là encore un autre moyen de se mettre en condition de réformer l'État.

L'art de réformer, un art de prendre son temps

L'urgence dans la réforme, voilà bien un *credo* sarkozyste.

C'est la peur devant les réactions de l'opinion qui incite à mener des réformes tambour battant. C'est un fantasme entretenu par les stratèges de l'Élysée et de l'UMP. Selon eux, la vitesse d'exécution est décisive dans la conduite d'une réforme. Pour réussir une réforme, il conviendrait de prendre de vitesse les partenaires sociaux, les catégories professionnelles et les secteurs concernés. Cette idée repose sur une défiance caractérisée à l'égard de la société civile française. Elle procède d'une vision simpliste de la France : l'immobilisme serait la caractéristique fondamentale de notre peuple, de notre pays et de notre société. Je m'insurge contre cela. D'une part, notre pays est bien plus disposé à se réformer qu'on ne le croit ou qu'on ne feint de le croire. D'autre part, le succès de la réforme est dans la maîtrise de la durée.

Le prochain président de la République doit annoncer et montrer qu'il prendra son temps pour réformer. Le rétablissement de la confiance dans l'Éducation nationale, la restauration de l'enthousiasme dans les services publics de santé et le relèvement du moral des forces de l'ordre exigent l'inscription dans la durée. L'urgence internationale, financière et budgétaire ne doit pas nous faire oublier que nous avons besoin de prendre du temps pour réformer.

La clé de la réforme sans dépense supplémentaire est dans la qualité de la négociation avec les acteurs concernés.

L'association systématique et patiente des partenaires sociaux à la réforme de l'État est indispensable. Je prendrai un seul exemple : les administrations chargées d'aider et d'encadrer les petites et les moyennes entreprises ou industries.

L'absence de PME-PMI de taille importante pénalise nos exportations, on le sait bien. Les pouvoirs publics ne peuvent pas seuls porter un regard critique et suffisamment éclairé sur leur propre action en la matière. Pour réformer le service public de l'innovation, de l'entrepreneuriat et de l'exportation, le point de vue du Medef, de la CGPME et des grandes centrales syndicales appuyées sur leurs fédérations professionnelles est indispensable. La simplification de tous les formulaires en usage dans nos procédures administratives, la suppression de ceux dont l'utilité n'est pas évidente, le regroupement de procédures multiples en une seule, le guichet unique, toutes ces améliorations seront toujours bien plus pertinemment décrites par ceux qui les réalisent que par ceux qui les préconisent.

Il faut du temps pour écouter. Il faut du temps pour évaluer coûts et avantages. Il faut du temps pour atteindre des résultats. Il faut du temps pour expliquer. Le prochain président et son gouvernement devront prendre le temps du dialogue, du débat et de la négociation. Ce qu'ils perdront en temps de consultation, ils le gagneront en efficacité sociale et donc en bien-être national. Au total, qualité du résultat final inclus, je gage qu'ils gagneront même en rapidité politique.

L'évaluation, une pratique à développer en France

À ce moment de la réflexion, il faut prendre conscience encore d'une autre calamité publique : la France ne pratique guère, ne sait pas et n'aime pas procéder à l'évaluation de ses politiques publiques. Il s'agit d'un problème majeur. Les États-Unis, le Japon, le Royaume-Uni et les Pays-Bas se sont illustrés dans cette technique. Des congrès internationaux rassemblant les opérateurs spécialisés y confrontent utilement leurs méthodes, leurs innovations et leurs résultats. Car il s'agit d'opérations très difficiles. On sort du domaine limité du comptable et même du quantitatif pour chercher des réponses certaines et prouvées à des questions non quantifiables.

La politique de prévention du sida est-elle efficace ? C'est évidemment une tout autre question que de savoir si ce qu'elle coûte est intégralement dépensé selon des procédures légales ou non. L'énorme bloc que constituent à la fois les organismes HLM, les administrations qui les pilotent et le corpus législatif qui les encadre aboutissent-ils à une gestion légale et transparente ? Question de contrôle comptable. Répondent-ils à leur finalité qui est d'aider les classes populaires à se loger ou bien sont-ils devenus des éléments de la rente de situation des classes aisées ? Question d'évaluation. On voit bien qu'il s'agit de métiers et d'approches fort différents.

Or la France s'est donné une administration centrale dont le principe général d'organisation est, beaucoup plus, qu'ailleurs la méfiance. De ce fait, nous sommes encombrés de contrôles. Nos administrations les plus prestigieuses et les plus recherchées sont les corps de contrôle, Inspection générale des Finances et Cour des comptes. C'est presque aussi vrai du Contrôle général des armées. Et cela va au point que souvent les jeunes membres de ces institutions se voient confier de fortes responsabilités exécutives nationales bien avant d'avoir eu le temps d'enrichir leur vaste culture des enseignements d'une longue pratique. Je le sais fort bien, j'en suis.

Pis, nous vivons sous l'impression que cela ne suffit pas. Par-delà tous ces contrôles *a posteriori*, le ministère des Finances a réussi à imposer à tout le pays un système de contrôle *a priori* sur toute dépense qui, certes, en freine l'augmentation du volume mais aboutit toujours à d'importants retards, souvent à paralyser la décision et parfois à l'imbécillité.

Je me souviens encore de la belle bagarre administrative que j'ai lancée lorsque j'ai découvert que dans une grande ville de France où la construction d'un important collège allait prendre trois ans, le contrôle financier avait interdit qu'on finançât dans la première tranche une chaudière à chauffage central suffisant pour chauffer tout l'ensemble au prétexte que chaque tranche devait être « fonctionnelle » et s'y limiter ! Sur ce point précis, une procédure nouvelle spéciale a réglé le problème pour l'avenir, mais l'absurdité de l'excès de contrôles persiste et, avec elle, le risque de décisions non pertinentes.

Dans ce foisonnement de contrôles omniprésents, l'idée qu'il en faille un de plus n'est pas recevable. Or, faute d'une vraie compréhension de ce qu'elle est et de ce qu'elle implique, l'évaluation est, dès l'abord, perçue comme un contrôle de plus. Et donc la France n'en fait pas. L'évaluation n'est pourtant pas un contrôle.

Le RMI, un exemple d'évaluation réussie

Les hasards de mes pérégrinations administratives comme de mes rencontres avec des universitaires du domaine de la sociologie et de la politologie m'avaient alerté sur cette carence grave. Et un tout autre jeu de hasards corrélés fit de moi, contre toute prévision de long terme possible, un Premier ministre. Cet avatar de carrière heureux, chacun le comprend j'espère, n'a pas fait disparaître chez moi une prédisposition de caractère à une certaine prudence. Je n'ai pas entrepris de m'attaquer de face à un si gros tabou. Bousculer à la fois et d'un seul geste tous les opérateurs administratifs et tous leurs corps de contrôle eût été folie. J'ai donc cherché une voie de contournement.

C'est le Revenu minimum d'insertion (RMI) qui en fournit l'occasion. Rarissimes sont en France les cas où une idée de réforme née dans les rangs d'un parti politique prend une forme institutionnelle suffisamment claire pour être comprise de l'opinion, pour recevoir une approbation explicite et pour ne susciter aucune critique véhémente et destructrice de la part de l'adversaire électoral qui est la majorité gouvernante. Né des réflexions d'un courant politique, le mien, adopté par un congrès du Parti socialiste, le RMI fait partie des engagements formels pris par le candidat François Mitterrand dans sa célèbre *Lettre à tous les Français*. Sa victoire valut engagement de le mettre en place. J'en reçus la charge.

Cela allait être difficile. Étendant pour la première fois au monde, je crois, le champ de l'assistance à des adultes valides, il introduisit un changement majeur dans le droit de l'assistance. Étendant l'assurance-maladie à des gens sans travail, il révolutionne le droit de la Sécurité sociale. Enfin, il qualifie de contrat de travail un contrat de recherche d'emploi par l'effort d'insertion mais sans emploi réel, modifiant là encore très profondément le droit du travail.

L'enthousiasme collectif – la loi allait être votée à l'unanimité, ce qui est rarissime – aida beaucoup à la rédaction d'un texte en fait très complexe. J'eus l'idée – elle ne trouva pas d'opposant – d'introduire dans le projet de loi un dispositif prévoyant sa propre évaluation au bout de deux ans. Faute d'institution ou de procédure préexistantes, il fallut prévoir le comité d'évaluation, sa composition, son rôle et même le calendrier de ses travaux.

Ce fut un succès considérable. Le rapport d'évaluation produit tout juste deux ans après, fut excellent et présenté à temps. Il permit au gouvernement de soumettre très vite au Parlement quelques modifications techniques de la loi assurant son application avec le minimum de difficultés administratives. Dans l'approbation publique générale du RMI et de ses modalités d'application, le principe de l'évaluation s'est trouvé lui aussi reconnu et validé.

Je me sentis le courage d'oser, appuyé sur des chances raisonnables de succès. C'est donc en 1990 que sortirent les lois et décrets établissant que toute politique publique a vocation à être évaluée, qu'un comité interministériel de l'évaluation aura pour tâches de choisir les politiques à évaluer, de choisir pour chacune les évaluateurs et retenir ensuite de toute évaluation les modifications législatives ou réglementaires qu'elle appelle, qu'un conseil scientifique de l'évaluation sera créé pour être saisi, à l'occasion de chaque évaluation, d'une demande d'élaboration des critères scientifiques et de la méthodologie qui lui seront propres. Enfin, une disposition particulière prévoyait que pourront être évaluateurs désignés par le comité interministériel soit des personnes ou des groupes de personnes issus des corps de contrôle de l'État, soit des organismes universitaires, soit des cabinets de conseil du secteur privé. La culture à créer sur ce sujet était tellement nouvelle qu'il fallait cette diversité d'apports. Cela commença très fort.

Je tiens à rendre hommage ici au professeur Jean Leca, premier président, et qui tint cinq ans, du conseil scientifique, dont les rapports annuels étonnaient par la grande précision de leurs analyses et jugements comme par l'audace intellectuelle des méthodes choisies pour évaluer le non-quantifiable et faire entrer l'immatériel dans le champ de la décision rationnelle. Il n'y a qu'ainsi qu'on peut légitimer les choix les plus drastiques concernant l'organisation de la puissance publique.

Puis je m'en allai, cherchant peu après à Bruxelles un exil roboratif et de nouvelles aventures… L'enthousiasme des gouvernements à faire activement fonctionner le comité interministériel de l'évaluation en fut affecté plus que proportionnellement. Puis Leca s'en alla, et le prestige du conseil scientifique en fut érodé. Enfin l'évaluation disparut des préoccupations gouvernementales…

L'évaluation ne fit plus parler d'elle sur le fond. On n'entendit que des rumeurs de changements institutionnels faisant par exemple disparaître le conseil scientifique pour le noyer dans une institution plus large et beaucoup moins spécifique. Je doute qu'on y ait gagné, mais pour être loyal je n'en sais rien.

Une autre rumeur que je ne puis vérifier m'apprend que nos corps de contrôle, irrités de cette mise en cause de leur prestige, et surtout de leur monopole, ont reconquis le terrain perdu et reconstruit l'*imperium* du seul contrôle comptable, lequel jamais nulle part ne saura inspirer des réformes de l'appareil de l'État.

Monsieur ou Madame le prochain président de la République, le champ majeur de toute réflexion capable d'inspirer la réforme de l'État est donc redevenu une friche. Sa remise en activité est à la fois une occasion et une nécessité. Profitez-en mais vous ne pourrez le faire que si vous êtes convaincu qu'on ne peut réformer l'État sans dépense supplémentaire qu'à la condition impérieuse de s'en donner le temps et les moyens. L'évaluation est un des plus porteurs de ces moyens. Elle est non compatible avec la précipitation.

Cercles de qualité et cercle vertueux

Pour mener la réforme graduelle et efficace des services publics, le dialogue avec les partenaires sociaux est crucial. Plus que cela, il est même la condition de la réussite. Un transfert de technologie en provenance du secteur privé est en outre souvent nécessaire. Je recommande notamment la reprise d'une expérience particulière venue du secteur privé : la formation de cercles de qualité. Le secteur public n'en a pas tiré des instruments qu'il pourrait pourtant utiliser dans son propre intérêt.

Voici ce que j'ai retenu de l'expérience des cercles de qualité. Les opérateurs habituels de toute activité économique ne sont pas devenus inintelligents du fait même qu'ils sont employés, ouvriers ou agents. Les industriels japonais l'ont compris. Ils ont créé des enceintes informelles de concertation professionnelle (pas de négociation sociale) pour valoriser l'intelligence de leurs salariés. Dans un cercle de qualité, la relation hiérarchique est temporairement abolie. Les expériences, les idées et les savoir-faire individuels sont mis en avant. Dès que les personnels d'exploitation reçoivent le droit à la parole libre, ils sont des forces de proposition et des sources de solutions d'optimisation. Ils réfléchissent ensemble à ce qu'ils font. Et offrent immanquablement des possibilités. Les cercles de qualité insèrent toutes les équipes dans des cercles vertueux où la quantité nourrit la qualité.

J'ai eu le bonheur de faire l'expérience du fonctionnement de ces cercles dans ma propre mairie. Ma municipalité est moyenne : elle comptait à l'époque trente mille habitants et mille deux cents fonctionnaires. Les résultats de l'expérience ont été aveuglants d'efficacité. La commission la plus inventive fut celle de la sécurité des bâtiments publics. Elle fut présidée par un caporal des pompiers tellement respectueux de la hiérarchie que, dans le service, il n'ouvrait jamais la bouche. L'intelligence de ses multiples suggestions fut telle qu'elle stupéfia jusqu'à son chef de corps. La commission chargée de la gestion du bâtiment de la mairie centrale fut présidée par notre tout jeune concierge. Entre le déplacement des bureaux pour suivre l'ordre des procédures et l'inversion du sens d'ouverture des portes battantes pour qu'on les ouvre plus simplement d'un coup d'épaule dans le sens où on est chargé (de dossiers ou de plats cuisinés) que dans l'autre, cela fourmilla d'idées convaincantes dont l'évidente simplicité améliora immédiatement le confort au travail et auxquelles, par leur nature même, aucune direction n'aurait jamais pu penser.

C'est en partie en raison de cette expérience que j'ai ensuite lancé l'initiative du « Renouveau du service public » d'État. Ce projet commença par terroriser mes collaborateurs, mes alliés politiques et mes partenaires syndicaux. La hiérarchie administrative est une source de tranquillité mentale pour tous, dirigeants et dirigés. La hiérarchie rassure. Mais elle stérilise la créativité des individus. Généraliser les espaces de liberté de parole, des moments de consultation générale, voilà une mine aux résultats étonnants.

Le « Renouveau du service public » a plusieurs résultats à son actif. Il a débouché, dans le domaine de l'Éducation nationale, sur le concept d'équipes pédagogiques puis dans le même mouvement sur celui de « projets d'établissement ». Dans d'autres domaines, essentiellement administratifs, ce renouveau a conduit à la création de « projets de service ». Ces projets de service et ces projets d'établissement ont permis d'associer à la conception de leurs propres activités tous les agents concernés. Par exemple, c'est grâce à la formation de

« projets d'établissement » que les établissements scolaires se sont ouverts à leur environnement local. Ils ont pris conscience de leurs relations avec les milieux sociaux, les contextes économiques et les contraintes géographiques où ils s'inséraient. C'est un résultat unanimement salué aujourd'hui.

L'idée des cercles de qualité peut aisément être transposée aux administrations publiques. Repérer les doublons, identifier le gaspillage, mettre en évidence les incohérences, reconnaître les sources de lenteurs, tout cela peut être fait avec célérité et intelligence par les agents eux-mêmes. Point n'est besoin d'une action du sommet hiérarchique. Les personnels de direction n'ont pas la même connaissance fine des défauts, des lacunes ou des imperfections de l'action administrative. Et puis surtout la tâche la plus nouvelle et la plus générale que doivent accomplir aujourd'hui tous nos services d'État est d'analyser et de maîtriser la relation de leur activité avec les exigences maintenant en partie repérées de la pérennité de notre niche écologique. L'extrême diversité des questions à poser, des actions à entreprendre, des processus à mettre en œuvre ne peut s'imaginer et se pratiquer que dans un cadre de cette nature, cercle de qualité, commission de réforme permanente ou projet de service.

Instaurons donc des cercles de qualité centrés sur l'amélioration du service rendu au public. Là encore, il s'agit de réformer sans dépenser : créer des cercles de qualité ne coûte rien. Et cela permet au contraire de dégager des gains. Il n'y a rien à y perdre, si ce n'est de l'inertie administrative.

Compter sur les services publics pour se réformer eux-mêmes

De l'expérience du « Renouveau du service public », il nous reste quelques enseignements.

Le premier concerne l'ajustement des rémunérations dans la fonction publique. Les grilles indiciaires et salariales publiques sont réactualisées trop rarement. Quand je fus nommé Premier ministre, j'entrepris d'actualiser celle qui était en service dans la fonction publique d'État. On m'objecta qu'il s'agissait d'un monument historique issu de l'action d'André Parodi, éminent ministre de la Fonction publique du général de Gaulle, juste après la Libération. Dans cette grille, des professions telles qu'informaticien ou programmeur n'avaient pas été intégrées. Michel Durafour, qui se révéla un grand ministre de la Fonction publique, avec mon impulsion et mon soutien, réussit, en quelques mois de négociation, à actualiser cette grille. Mais elle doit l'être de nouveau.

Le deuxième enseignement concerne la création des « centres de responsabilité ». Cette expression pouvait désigner n'importe quelle unité administrative : un hôpital, une division de préfecture ou deux rassemblées, une direction générale d'administration centrale, etc. Était « centre de responsabilité » n'importe quelle unité administrative capable d'expliquer à la Direction du budget (DB) ses besoins, son projet et sa stratégie et de négocier avec elle un pacte pluriannuel dans lequel l'accord donné à un projet d'investissement emportait inscription automatique des crédits budgétaires correspondants pour la durée du contrat. Le gain espéré de cette amélioration était évalué dans le contrat qui décidait du pourcentage de cette somme économisée qui reviendrait au service lui-même en amélioration de ses ressources. L'objet était d'améliorer la qualité du service rendu. Il était aussi d'améliorer l'usage des services publics.

En l'état actuel de l'administration, ces gains financiers ne servent pas d'incitation à l'action réformatrice : la réduction des coûts génère une économie qui est diluée dans la masse des finances publiques. Il est nécessaire d'intéresser les services réformateurs et réformés à ces gains. Pourquoi ne pas faire en sorte que le tiers ou la moitié des économies budgétaires ainsi dégagées puisse servir à financer les investissements du service, l'amélioration des conditions de travail ou la création de nouvelles prestations ? Les instruments juridiques sont aujourd'hui en place. C'est moi qui les ai forgés. Pourquoi ne pas les utiliser ? Cela suppose une conquête de l'autonomie par les chefs de service. Cette tendance est peu développée en France, pour des raisons essentiellement culturelles.

Mon initiative en faveur du « Renouveau du service public » avait un dernier aspect qui peut être considéré comme prometteur aujourd'hui encore : il s'agit du « retour collectif de modernisation ». Je lui avais consacré un décret. Et j'avais volontairement choisi un vocable illisible. Je voulais éviter que la CGT puisse pénétrer la véritable nature de cette disposition : instaurer, dans le service public, un « intéressement » matériel aux résultats du service sous la forme de primes pour les agents. La réalité de ce dispositif était l'introduction de l'intéressement dans la fonction publique. Le révéler aurait sûrement provoqué une dénonciation nationale avec manifestations dans la rue et j'aurais sûrement été amené à renoncer. Mais le mettre en place était indispensable. L'association des personnels aux bénéfices matériels tirés d'une réforme est une clé de son succès. À ma connaissance, les textes sont toujours en vigueur. À ma connaissance, personne ne les utilise jamais.

Voilà toute une boîte à outils pour réformer sans dépenser : décentraliser, déconcentrer, négocier, créer des cercles de qualité, réactualiser la grille des rémunérations publiques et intéresser les agents à la réforme de leurs propres services. Voilà des axes pour une réforme aisée et peu onéreuse.

Réformes tonitruantes versus *réformes discrètes*

Les annonces de réforme font peur. C'est compréhensible. Toute structure génère des routines et toute responsabilité professionnelle induit la volonté de conserver ses avantages. Tout projet de carrière repose sur des progressions au sein d'un environnement institutionnel stable. Annoncer une réforme, c'est fatalement annoncer un bouleversement pour beaucoup d'ambitions personnelles, aussi modestes soient-elles. La peur de la réforme est aujourd'hui la règle en France. Comment pourrait-il en être autrement alors que le président de la République a pris l'habitude d'annoncer une ou deux réformes fondamentales par mois ?

J'ai, pour Alain Juppé, un respect civique aussi grand que nos divergences politiques sont importantes. Cela n'exclut pas même de l'amitié. Je prendrai son exemple pour montrer combien il faut manier l'annonce de réforme avec précaution. En 1995, Alain Juppé annonça dans un seul discours son intention de réformer pas moins de quatre champs aussi stratégiques qu'explosifs : les régimes spéciaux de retraite, les régimes territoriaux de tarification à la SNCF, le financement global de la Sécurité sociale et le financement particulier de l'assurance-maladie. Chacune de ces pistes de réforme affectait plusieurs centaines de milliers de personnes au moins. Le résultat fut immédiat : Alain Juppé déclencha et subit des manifestations monstres dans les rues de Paris. Il avait, par son annonce, tout simplement fait peur à plusieurs millions de personnes et allumé la mèche de quatre bombes à retardement sociales.

Gardons en mémoire cette anecdote. Et tirons-en les leçons.

Les annonces de réforme font peur. Il faut donc les manier avec parcimonie. Le prochain président et le prochain gouvernement doivent faire preuve de sobriété dans l'usage des annonces de réforme. En outre, si on peut réformer en se passant d'annonces fracassantes, on compromettra moins les chances de réussite du chantier en question.

Je l'ai expérimenté dans les réformes des statuts respectifs d'Air France, de Renault et des Postes et Télécommunications. Dans ces trois cas, j'ai réussi à réformer sans l'annoncer. Les projets de loi nécessaire n'ont été présentés à l'opinion publique qu'à l'occasion du Conseil des ministres qui les adoptait pour les adresser au Parlement. Tout avait été prénégocié auparavant avec les partenaires économiques comme avec les partenaires sociaux. Une annonce préalable aurait inévitablement compromis ces évolutions. La reprise d'UTA par Air France et la création du groupe Air France n'auraient pas été possibles et la compagnie nationale n'aurait pas pu se développer comme elle l'a fait. Les Postes et Télécommunications n'auraient jamais pu devenir France Telecom et La Poste. Renault aurait dépéri faute de trouver un partenariat industriel international. Point n'est besoin de proclamer qu'on réforme pour réussir.

La discrétion a ses vertus en matière de réforme.

La discrétion, loin de compromettre la consultation et la négociation avec les partenaires sociaux, est le gage de leur efficacité. Informer constamment les médias des étapes d'une négociation ou d'une réforme est la meilleure façon de bloquer le processus. Cela encourage les rodomontades de tous les braillards dont l'opinion publique regorge.

Il faut être encore plus précis car cela est décisif. Il ne saurait y avoir de démocratie si la totalité des actes de l'exécutif n'est pas soumise à un triple contrôle comptable, juridictionnel et parlementaire. Non seulement il n'est pas question ici de remettre en cause ce grand principe. Mais il est au contraire très nécessaire de renforcer ces moyens de contrôle. Mon propos vise autre chose : la publicité permanente offerte aux médias sur les actions et les processus préparatoires ainsi que sur les négociations juridiques, sociales ou internationales en cours. Dans ces cas, il est limpide que l'information donnée à l'opinion – donc aux opposants au projet –, avant que le résultat positif n'en soit acquis, crée une totale asymétrie dans le débat public sur le sujet. En effet, seuls les opposants peuvent s'y exprimer. Les partisans ne bénéficient en effet pas de leur argument majeur, l'analyse des résultats tirés du succès. Ainsi s'expliquent la plupart des abandons de réformes commencées qui se sont multipliés ces dernières années.

Il y a deux inconvénients graves à cette méthodologie de la réforme. Le premier est que, lorsqu'on lance un processus de cette nature, il est à peu près impossible d'en préfixer la durée. Cela enlève toute pertinence à l'idée d'arrêter un calendrier de réformes programmées à l'avance. Cette conséquence est inévitable. Mieux vaut le savoir, même si cela enlève du sel à la truculence des débats électoraux sur l'urgence et l'ordre de priorité des réformes à entreprendre. L'autre est qu'une réforme non annoncée perd beaucoup en visibilité générale et, plus encore, en visibilité de sa signature. Je suis encore victime de cet effet sur quelques réformes majeures. Mais là non plus il n'y a pas à mon sens de choix.

Il faut du désintéressement pour réformer !

CHAPITRE 8

La fin du travail ?

Osera ? Osera pas ?

Il reste un énorme sujet qui fâche : le travail, sa place et surtout sa durée dans la société de demain. La logique aussi bien que la loyauté me poussent à aborder ce problème difficile.

En France, il est deux sujets sur lesquels, dès qu'ils sont abordés, les visages se crispent, les positions se figent, la conversation perd son calme : le nucléaire civil et la durée du travail. On confronte des convictions et des tabous, les chiffres cités sont incohérents entre eux. Ils ne sont jamais appuyés sur des comparaisons internationales. On appelle « débat » un échange de frappes verbales d'où a disparu le souci de la véracité et de la confrontation avec la réalité.

Un nouveau tabou du débat public ?

Le premier de ces deux sujets est le nucléaire. On en a déjà parlé dans le chapitre 6. La place du travail est le second, et tout particulièrement sa durée. Nous sommes même arrivés en France à une situation absurde. Aussi bien le discours collectif que la loi et la pratique des employeurs sont placés dans des cas limites. Lorsque survient, à travers un nouveau chantier, une chance d'exportation ou une embellie conjoncturelle, tout est fait pour que le travail supplémentaire temporaire soit confié à ceux qui en ont déjà et non pas à ceux qui en cherchent. Dans ce pays, en ce moment même, la somme totale des cinq catégories des demandeurs d'emploi recensées par Pôle emploi atteint plus de quatre millions.

Le vrai drame est d'ailleurs plus grand puisque, au nombre repéré des chômeurs, il faut ajouter celui des travailleurs en situation précaire[1] ainsi que les pauvres, c'est-à-dire exclus du marché du travail. À la date d'aujourd'hui et avec une grande incertitude, sans d'ailleurs aucun dénombrement régulier, les précaires seraient deux millions et demi à trois millions d'adultes auxquels il faut ajouter compagnes ou compagnons et enfants. On approche des quatre à cinq millions. Les pauvres sont un peu plus nombreux : 5 % de la population active contre 12,5 % pour les précaires. Mais il y a un très large recoupement entre les deux catégories.

La perspective actuelle la plus probable est celle d'une assez longue période de stagnation ou de croissance très lente marquée d'accidents financiers récurrents souvent capables d'entraîner des récessions. Le nombre des sans-emploi a donc une évidente vocation à augmenter. Il est clair que cette situation peut devenir parfaitement intenable pour des raisons de trois ordres. Elles sont budgétaires d'abord. La somme des allocations chômage versées et du RSA atteint déjà trente à trente-cinq milliards d'euros, soit plus de 1,5 % du PIB. La somme

1. J'ai évoqué ce point dans le chapitre 1.

immense des cotisations sociales perdues, peut-être de deux à quatre fois ce montant, devrait y être rajoutée. La diminution de cette charge est un des enjeux majeurs de notre recherche d'amélioration de l'équilibre budgétaire. Pour des raisons sociales ensuite : la somme des souffrances à détecter pour tenter de les soulager va déborder les capacités d'enquête et de soutien de l'État. Pour des raisons de stabilité politique enfin. L'incertitude profonde sur l'avenir des revenus est évidemment au cœur d'une angoisse politique qui conduit à la désaffection civique, au ralliement à des slogans ou à des forces politiques populistes, à un affaiblissement électoral des partis en situation de gouverner et donc à une redoutable instabilité.

Une brève histoire de la durée du travail

Or il y a, l'histoire le démontre abondamment, une relation forte entre le niveau de l'emploi et la durée du travail. Je l'ai dit plus haut, tout au long de son histoire et jusqu'en 1972, le capitalisme fut une économie de plein emploi, en dehors des seules périodes de crise.

L'instrument de mesure ne saurait être le chiffre de la durée hebdomadaire moyenne car il est à combiner avec la durée annuelle des congés, laquelle est extrêmement variable – du simple au double – entre les différents pays développés. C'est donc la durée annuelle comparée qui est la seule référence possible. Le graphique ci-après en rend largement compte. Il faut noter cependant qu'il commence en 1960. Il faut donc avoir en mémoire les durées annuelles du siècle précédent qui tournaient autour de quatre mille heures dans la décennie 1860.

Pour la période 1960-1990, l'élément le plus surprenant est l'étonnante proximité des évolutions entre l'Amérique du

Durée annuelle du travail dans les principaux pays développés de 1960 à 1990[2]

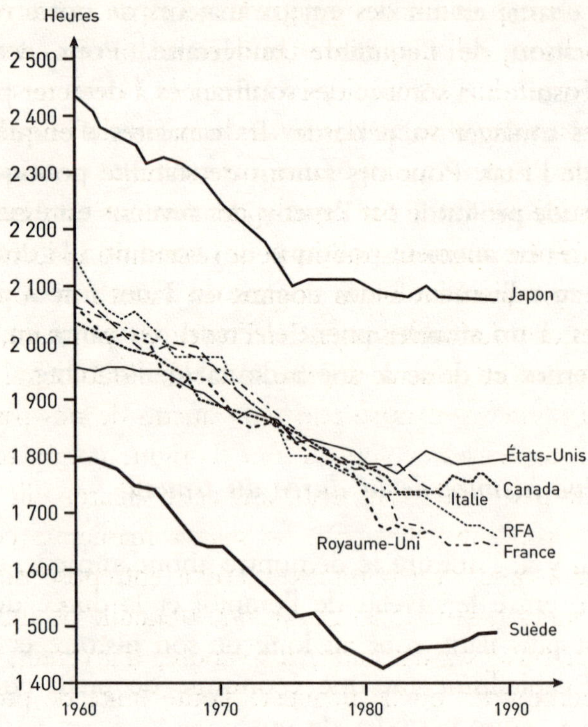

Nord et les grands pays d'Europe occidentale. Les deux cas limites sont le Japon et la Suède. Ils n'infirment guère la tendance générale. On se rapproche de l'horizontale dans la dernière période des courbes. Cela veut dire que la durée du travail ne baisse plus. Cela est en parfaite corrélation avec la montée en puissance dramatique de la précarité ainsi qu'avec l'émergence d'une pauvreté significative. Le nombre des chômeurs de 1980

2. A. Doyelle, *Durée du travail, un essai de comparaison internationale*, OCDE ; *Perspectives de l'emploi 1983, 1987 à 1991*, OCDE.

à aujourd'hui est, lui, plus bas. Il fluctue peu, faiblement marqué par les aléas positifs ou négatifs de la conjoncture.

Un autre point doit être gardé à l'esprit. C'est que, dès l'origine du capitalisme, et de manière relativement constante jusqu'à l'orée du XXIe siècle, la baisse de la durée du travail fut une constante absolue des revendications du monde salarial et notamment de sa composante ouvrière. La pression syndicale et politique fut à cet égard parfaitement continue.

Un des étonnements qu'on peut ressentir à la lecture de ce graphique est que l'évolution connue en France ne se distingue guère de celle des autres pays. La France est pourtant, dans ce groupe de nations, la seule à s'être servie de l'outil législatif, alors que la loi n'intervient nulle part chez aucun de nos partenaires. Chez eux, toutes les évolutions sont d'origine contractuelle. Or la loi n'est pas l'outil pertinent dans cette affaire. Elle est trop brutale et trop sommaire. On ne saurait manier la contrainte dans un domaine aussi complexe. Toute entreprise de plus de cent personnes rassemble au moins une trentaine de métiers différents, qu'il s'agisse d'acheter, de vendre, d'inventer, de produire, d'administrer ou de financer. Toute unité de production dépassant deux mille ou trois mille personnes connaît toujours plusieurs centaines de métiers différents. Les faire fonctionner sous le carcan d'une durée maximale fixée ailleurs et sans tenir compte de cette diversité a une forte probabilité de conduire à l'échec.

Du Front populaire à la loi des « trente-neuf heures »

De fait, la loi de 1936 du gouvernement de Front populaire dite des « quarante heures » comportait de telles interdictions et de tels blocages qu'elle a empêché tout l'appareil de production de traiter correctement ses goulets d'étranglement. La production globale a même diminué et la réforme attint rapidement une dimension de catastrophe. Cela conduisit assez vite à compléter la loi de rectifications lourdes qui en ont grandement affaibli la portée. Ce n'est que bien après la guerre, à partir de 1949, que la loi sur les quarante heures, jamais totalement abrogée, fut enfin à peu près appliquée.

À l'automne 1981, le premier gouvernement de François Mitterrand, déjà confronté à un important chômage croissant, tenta de le réduire en adoptant une nouvelle loi dite des « trente-neuf heures payées quarante ». À cette époque, le mauvais souvenir laissé par la loi de 1936 confondu avec l'urgence de jouer du facteur temps de travail pour faire diminuer le chômage, amena les partenaires sociaux et une partie de l'administration politique alors au pouvoir à n'imaginer le traitement du problème que par la négociation. L'enjeu était modeste – une heure de moins –, cela paraissait donc possible. De fait, quelques voix syndicales s'élevèrent pour reconnaître qu'on ne pouvait imaginer de le faire à salaire intégralement préservé. Pour les syndicalistes les plus responsables, une amputation de salaire de l'ordre de 1 à 1,5 % paraissait envisageable afin de compenser une réduction d'une heure qui représentait donc une baisse de 2,5 % de la durée hebdomadaire. Mais le refus absolu de la CGT conduisit le Président à imposer la contrainte d'un passage à une limite supérieure de « trente-neuf heures » payées quarante heures, donc à salaire préservé. Cette décision marqua moins l'échec que le refus de la négociation. Elle aboutit à la déconsidération dans leur propre milieu des rares syndicalistes mais aussi des patrons qui s'étaient préparés à la négociation.

Négociation ou incitation ?

On mit une quinzaine d'années à s'en remettre, le sujet était déjà devenu intouchable dans les conversations. C'est alors qu'un député centriste, Gilles de Robien, devenu ministre, proposa en juin 1996 une loi beaucoup plus évolutive. La baisse de la durée du travail ne comportait aucune contrainte mais se voyait encouragée par divers dispositifs de réduction des charges et notamment des cotisations sociales des entreprises.

Je me souviens encore de ma colère et de ma forte critique quand j'ai vu le groupe parlementaire de mon parti, le Parti socialiste, voter contre cette loi, la première à prendre le problème dans le bon sens. Elle fut cependant votée et appliquée. Elle donna, à relativement petite échelle, des résultats parfaitement significatifs.

Mais l'ambition était modeste. Bien que remarquables, les résultats le furent aussi. Le problème du chômage demeurait lancinant. En 1997, les élections législatives donnèrent la victoire à la gauche et Lionel Jospin devint Premier ministre de cohabitation, puisque, entre-temps, nous avions changé de Président. Le ministre des Affaires sociales était Martine Aubry. La permanence d'un chômage massif, quels que soient les mauvais souvenirs de l'action législative et en l'absence de toute négociation entre partenaires sociaux sur ce sujet, imposa au gouvernement de reprendre la durée du travail comme une variable majeure de l'action contre le chômage.

Le gouvernement fut saisi de deux projets.

L'un d'entre eux, à la préparation duquel j'avais contribué, était purement incitatif et avait pour instrument un changement dans la tarification des cotisations sociales. L'introduction de tranches dans le calcul des charges devait permettre d'en indexer le volume sur la durée du travail principalement dans le sens de la baisse. Cette incitation ne pouvait jouer que lentement mais de manière probablement massive.

L'autre système a eu recours à la contrainte. Il consistait en deux lois, la première préparatoire et visant plutôt la persuasion. Mais la seconde imposa un horaire maximal général de trente-cinq heures assorti de deux contraintes : l'une de temps pour y parvenir[3], l'autre de sanctions financières en cas de non-réalisation. C'est cette dernière qui fut choisie. Les raisons de ce choix furent principalement politiques.

Le premier argument contre le dispositif incitatif fut le suivant : « Il ne saurait être question d'accorder par la loi un avantage financier au monde patronal en lui faisant totalement confiance pour l'utilisation de cet avantage en termes de création d'emplois. » Deuxième argument, les votants socialistes (cette double allusion à la majorité parlementaire et à l'électorat visant plutôt l'appareil militant du Parti socialiste) ne sauraient admettre qu'un avantage aussi important pour la classe salariale puisse être adopté sans soumettre le patronat à une vérification et à une contrainte d'exécution. Or le patronat de l'époque était prêt à la négociation dont il avait exprimé le souhait. Les détails de la prise de décision ont conduit le président du CNPF de l'époque, Jean Gandois, à considérer qu'il avait été trompé. La conflictualité dans laquelle la loi fut adoptée était extrême. C'est au point que le bilan n'en a jamais été clairement tiré. Les très grandes entreprises sont passées à l'application dont le détail mit plus d'un an à être négocié à l'intérieur de chacune d'elles mais on y est, en gros, parvenu. Cela

3. Les entreprises de plus de vingt salariés devaient appliquer la loi dès le 1er janvier 2000 et les entreprises de moins de vingt salariés disposaient de deux ans pour le faire.

laisse au grand patronat d'aujourd'hui l'envie profonde de ne plus, à aucun prix, toucher à un équilibre aussi délicat. En revanche, dans le monde des PME, l'application de la loi rencontra des difficultés financières, administratives et techniques énormes dans le souvenir desquels nous vivons toujours.

Très peu de gens ont reconnu que le bilan de cette loi méthodologiquement malheureuse est tout de même la création de deux cent mille à trois cent cinquante mille emplois, selon les diverses estimations raisonnablement tentées. Il reste donc de tout cela un peu moins de chômage qu'on en aurait eu en l'absence de ce dispositif.

Mais une aigreur et une colère permanentes font que le sujet reste conflictuel aujourd'hui malgré le fait que les dispositifs les plus rudes de la loi ont été modifiés ou supprimés depuis et que l'augmentation importante du contingent d'heures supplémentaires permises pour faire face aux exigences de l'appareil de production a pratiquement réglé le problème. Le débat récurrent autour de cette disposition a conduit le milieu politique conservateur à tenir un langage de revanche. Le petit patronat a essayé systématiquement de contourner la loi. La chose est rendue plus facile encore par les modifications que les gouvernements de droite lui ont apportées.

Dans ces conditions, l'économie française vit depuis quelques années avec un système légal et dans une pression psychologique tels que, bien souvent, toute masse de travail nouvelle résultant d'opportunités commerciales ou d'embellies conjoncturelles temporaires se traduit par l'allocation du travail supplémentaire à peu près exclusivement à ceux qui en ont déjà, et sans plus rien faire pour ceux qui n'en ont pas. De ce fait, la durée hebdomadaire en France en moyenne reste stable autour de trente-neuf heures dans l'essentiel des PME, contre trente-cinq heures à peu près dans les grandes entreprises. Cela bien sûr a entraîné une reprise corollaire et proportionnelle de l'augmentation du chômage. Voilà le système global de pensée et d'action qui paralyse notre pays dans la gestion correcte de ce problème. L'ampleur des colères ressenties et cultivées de part et d'autre est telle que d'un commun accord, on n'en parle plus. C'est la situation dont il me semble aujourd'hui nécessaire de sortir.

Pourquoi poser la question de la durée du travail ?

Pourquoi faut-il reposer le problème ? Tout simplement parce que, dans le monde développé, le travail change rapidement mais profondément de nature.

L'automatisation réduit massivement les besoins en personnel de la production au sens strict. Ce qui se multiplie jusqu'à l'intérieur des entreprises sont les tâches de contact, de service, d'organisation, de relations avec les fournisseurs et les clients, d'attention au changement même minime de la demande des usagers, etc. En fait, ce changement progressif de la place du travail dans notre société est perçu depuis très longtemps. Il a été surabondamment annoncé d'abord par des écrivains visionnaires, ensuite par des chercheurs spécialisés.

Je vais me permettre de reprendre ici quelques pages d'un texte que j'ai publié sur ce sujet en 1996, *Les Moyens d'en sortir*, et dont j'espère qu'il recréera quelque sérénité autour du sujet en même temps que quelque souci de l'approfondir.

Nous avions été prévenus

Notre aveuglement collectif est d'autant plus impardonnable que cette évolution avait été aperçue par quelques esprits, parmi les plus clairvoyants il est vrai. Le lecteur me pardonnera par avance cette abondance de références, mais il est nécessaire qu'on se rende compte de notre légèreté collective devant une évolution diagnostiquée avec autant de sûreté et aussi peu de doutes par les plus grands esprits de notre temps.

Le tout premier, et assurément le plus étonnant en raison de la date à laquelle il écrit ce pronostic, 1840, est François René de Chateaubriand. Alors que parmi les multiples talents qu'on lui reconnaît, ne figure guère l'intuition économique, on trouve dans les *Mémoires d'outre-tombe* cette phrase stupéfiante : « Supposez les bras condamnés au repos en raison de la multiplicité et de la variété des machines ; admettez qu'un mercenaire unique et général, la matière, remplace les mercenaires de la glèbe et la domesticité, que ferez-vous du genre humain ainsi désoccupé[4] ? » Personne, sur ce sujet abondamment commenté depuis, n'a dit autant en si peu de mots. Chateaubriand prédit la relation entre l'évolution technique et l'insuffisance de l'emploi, et il exprime avec lucidité son inquiétude prémonitoire sur l'état psychique généré par le chômage.

Près d'un siècle plus tard, John Maynard Keynes évoque aussi cette évolution dans une réflexion plus strictement économique et qui se veut prédictive. En 1930, il publie en effet un article intitulé « Perspectives économiques pour nos petits-enfants » dans la revue *The Nation and Atheneum*. Selon lui,

4. Voir les conclusions du Livre III des *Mémoires d'outre-tombe*, réédition Le Livre de poche, Paris, 1995, p. 715.

l'évolution de l'humanité au cours des derniers siècles montre que « le problème économique n'est point, pour le regard tourné vers l'avenir, le problème permanent de l'espèce humaine ». Au-delà du peu de travail qui sera encore nécessaire, « nous nous efforcerons de faire des tartines de beurre en faisant des tranches de pain aussi fines que possible, et la quantité de travail qu'il sera encore nécessaire de faire, nous nous arrangerons pour que le plus grand nombre en ait sa part. Trois heures de travail par jour par roulement ou une semaine de quinze heures peuvent ajourner le problème pour un bon moment. [...] Il y en aura toujours pour poursuivre la richesse ou la puissance, mais nous ne serons pas obligés de les applaudir[5] ». Et il ajoute : « Que les besoins de l'être humain puissent paraître insatiables est vrai. Mais il faut distinguer deux catégories : les besoins qui ont un caractère absolu en ce sens que nous les éprouvons quelle que soit la situation de nos semblables, et ceux qui possèdent un caractère relatif en ce sens que nous ne les ressentons que si leur assouvissement nous place au-dessus de nos semblables ou nous donne l'impression de leur être supérieurs. Les besoins de cette seconde catégorie, ceux qui correspondent à un besoin de supériorité, sont peut-être tout à fait insatiables, car ils sont d'autant plus élevés que le niveau général de satisfaction est lui-même élevé. Mais ce n'est pas si vrai des besoins ayant un caractère absolu : il se peut qu'un seuil soit bientôt atteint, bien plus tôt même que nous n'en avons conscience, seuil au-delà duquel ces besoins seront assouvis et que nous préférerons alors consacrer nos énergies encore disponibles à des buts non économiques[6]. »

---

5. Le 11 octobre 1930, repris dans *Essais sur la monnaie et l'économie : les cris de Cassandre*, Payot, Paris, 1971.

6. *Ibid.*, p. 134-137.

Dans ce style, qui prend une coloration particulière sous la plume d'un économiste (qui d'ailleurs se piquait aussi de littérature), Keynes nous annonce ce que nous n'avons pas su voir venir et dont nous éprouvons tant de peine à prendre conscience. Sa seule interrogation n'est pas de savoir si nous mettrons en œuvre la réduction du temps de travail, il en est persuadé, mais de savoir s'il est possible de prévoir les conséquences de « cet âge de l'abondance et de l'oisiveté » qui l'inquiète : « Ainsi la nature a-t-elle expressément guidé notre développement, avec tout ce que cela comporte en fait d'impulsions et de profonds instincts, vers la solution du problème économique comme tâche spécifique. Si le problème économique se trouve résolu, l'humanité se trouvera donc privée de sa finalité traditionnelle. »

Pour peu qu'on donne foi aux valeurs authentiques de la vie, cette perspective offre à tout le moins la possibilité d'un avantage. Cependant, il pense avec inquiétude à la réadaptation requise de l'humanité commune, qui peut se voir poussée à répudier dans quelques décennies les habitudes et les instincts qu'elle a assimilés depuis d'innombrables générations. « Pour parler le langage qui fait fureur aujourd'hui, ne devons-nous pas nous attendre à une "dépression nerveuse" universelle ? », se demande Keynes. Cette anticipation extraordinaire est formulée, rappelons-le, dès 1930. Mais si Keynes est l'un des premiers et l'un des plus énergiques à se préoccuper des conséquences du progrès social et économique, il est loin d'être le seul.

Ce n'est pas un économiste, mais un homme politique de grande dimension qui reprend rapidement à son compte cette intuition. Léon Blum en effet, dans les dernières pages de *À l'échelle humaine*, rédigé en 1941 en captivité, écrivait : « Il n'y a pas de joie au travail s'il n'y a pas de joie de vivre. S'il faut prendre le problème plus haut, osera-t-on contester, même en se cantonnant dans la conception capitaliste de la société, qu'un progrès continu de la condition ouvrière doive répondre au progrès continu de la science ou de la technique ? L'industrie moderne permet de créer dans un temps constamment réduit une quantité de produits constamment croissante. Dans cet enrichissement collectif, pourra-t-on refuser au salarié sa modique part, et en quoi cette part peut-elle consister, sinon dans la réduction de la durée normale du travail et dans le rehaussement du taux normal du salaire[7] ? »

Léon Blum avait – comme il a été dit plus haut – fait voter en 1936 une loi généreuse mais maladroite pour abaisser la durée hebdomadaire du travail d'environ quarante-sept heures à quarante. Les choses ne se passèrent pas bien. L'horaire moyen observé en 1938 est de l'ordre de quarante et une heures trente, mais la production a stagné et le chômage a augmenté. Devant les nécessités de la reconstruction, la France, en 1945, repart allégrement au rythme de quarante-huit heures par semaine. La guerre a fait oublier le gigantesque problème que Keynes et Blum avaient entrevu.

Après guerre, la philosophe allemande Hannah Arendt anticipe la fantastique contraction du travail, mais sous des auspices franchement pessimistes, dans sa *Condition de l'homme moderne*[8].

Outre les progrès extraordinaires de la science qui promettent l'avènement d'un homme coupé de la terre mère, Hannah Arendt voit poindre « un autre événement non moins menaçant ». C'est l'avènement de l'automatisation qui, en quelques décennies probablement, videra les usines et libérera l'humanité

7. *À l'échelle humaine*, Gallimard, Paris, 1945, réédition collection « Idées », 1971, p. 118.

8. *Condition de l'homme moderne*, première édition 1958 ; dernière édition en français, Agora-Calmann-Lévy, Paris, 1995.

de son fardeau le plus ancien et le plus naturel, le fardeau du travail, l'asservissement à la nécessité. Là encore, c'est un aspect fondamental de la condition humaine qui est en jeu, mais la révolte, le désir d'être délivré du labeur ne sont pas modernes, ils sont aussi vieux que l'histoire. Le fait même d'être affranchi du travail n'est pas nouveau non plus ; il comptait jadis parmi les privilèges les plus solidement établis de la minorité. À cet égard, il semblerait qu'on se soit simplement servi du progrès scientifique et technique pour accomplir ce dont toutes les générations avaient rêvé sans jamais pouvoir y parvenir.

« Cela n'est vrai, toutefois, qu'en apparence. L'époque moderne s'accompagne de la glorification théorique du travail et elle arrive en fait à transformer la société tout entière en une société de travailleurs. Le souhait se réalise donc, comme dans les contes de fées, au moment même où il ne peut que mystifier. Une société de travailleurs que l'on va délivrer des chaînes du travail, et cette société ne sait plus rien des activités plus hautes et plus enrichissantes, pour lesquelles il vaudrait la peine de gagner cette liberté. [...] Ce que nous avons devant nous, c'est la perspective d'une société de travailleurs sans travail, c'est-à-dire de la seule activité qui leur reste. On ne peut rien imaginer de pire[9]. »

Mais si l'homme moderne a tout misé sur le travail et qu'il le perd, que lui reste-t-il ? L'ouvrage lui-même est construit sur la distinction, dans la vie active, de trois dimensions du « faire » : le *travail*, dimension économique, sphère de la nécessité qui fait que la vie est la reproduction cyclique de la force de production par la consommation ; l'*œuvre*, dimension anthropologique, par quoi l'homme s'inscrit dans

9. *Ibid.*, p. 37-38.

le monde, l'habite ; enfin, l'*action*, dimension éthique et politique, par quoi l'homme se fait, par la relation à d'autres hommes, créateur, innovateur. Le problème de l'homme moderne découle de la hiérarchisation de ces trois dimensions qui survalorise la dimension économique.

Hannah Arendt montre, dès les années 1950, qu'il est nécessaire d'un côté, de mieux répartir la quantité de travail et, de l'autre, de promouvoir une meilleure articulation entre les dimensions du travail, en marquant la préséance de la Cité, de la citoyenneté, de la démocratie, de la participation à l'élaboration, dans le débat, des conditions du « vivre ensemble », du lien social. Le constat est philosophique, mais cette thèse est relayée, durant les Trente Glorieuses, par des praticiens du monde social : sociologues et économistes font ainsi un diagnostic de la crise du travail.

Il y a soixante ans, Georges Friedmann publie *Où va le travail humain*[10] *?* Il analyse la double tendance du marché du travail. D'une part, la multiplication d'emplois de plus en plus déqualifiés, « inconscients », marqués par la « frustration ». D'autre part, la polarisation du travail vers des emplois hautement qualifiés, sélectifs et rares. L'automatisation conduira à une radicale transformation : « La part de l'homme dans les processus industriels pourra progressivement être réduite, pour chaque individu, à quelques heures par jour. L'observateur de la société, celle qui est en train de naître sous nos yeux, est en droit de se demander, non sans inquiétude, ce que l'homme de demain va devenir dans un monde d'où disparaissent les formes traditionnelles de travail. Certes, il fait crédit à la nouvelle technologie pour supprimer de plus en plus les tâches

10. *Où va le travail humain ?*, Gallimard, Paris, 1952.

qui ont longtemps dégradé des millions d'êtres humains. Il accorde leur pleine valeur à la libération possible qu'elle apporte à ces masses. Il sait bien que, si un métier adéquatement choisi est épanouissant pour celui qui l'accomplit, en revanche, la disparition des tâches parcellaires, imposées, répétées durant des heures, des mois, des années est un bien et qu'il faut le dire hautement. Néanmoins, il faut aussi faire face à ce fait révolutionnaire du monde de demain et en accepter le défi : pour la majorité des hommes, des femmes, employés à des tâches d'exécution, le travail, au sens traditionnel, est voué à disparaître[11]. »

Friedmann précise et développe, quelques années plus tard, la grande question que pose, pour lui, cette évolution. En 1963, le sociologue écrit, en effet : « Où reloger l'homme ? Ces producteurs libérés (mais le sont-ils ? et, en attendant leur relogement, cette libération n'est-elle pas, pour la plupart d'entre eux, une nouvelle forme de servitude ?), il est urgent de les diriger vers autre chose que le “travail”. [...] Comment orienter ces hommes vers les activités non supportées, dans le cadre de l'économie nationale, par le mécanisme des prix ? Vers quels services d'éducation, d'information, encouragés par l'État pour élargir, enrichir son développement actuel, vers quelles formes de culture personnelle et de création, gratuites[12] ? » Si Georges Friedmann fait montre d'une prescience assez exacte de ce qui peut arriver, il se méprend sur la façon dont, le nez dans le guidon, nous n'avons pas su prendre les mesures qui s'imposaient.

L'économiste Jean Fourastié tente, pour sa part, d'avancer des propositions concrètes pour faire face aux mutations du

11. *Ibid.*, p. 348-358.
12. *Ibid.*, préface de l'édition de 1963.

système productif. Dans *Le Grand Espoir du XXe siècle*[13], en montrant que « la machine est génératrice de loisir » puisque « en libérant l'homme du travail servile, la machine moderne le rend donc disponible pour les activités plus complexes de la civilisation intellectuelle, artistique et morale », Jean Fourastié prédit la venue de « la civilisation tertiaire : l'avenir verra le secteur tertiaire, qui résiste au progrès technique, envahir toute l'économie ; les activités à grand progrès technique, limitées par leur succès même, n'absorberont plus qu'une faible partie de la population active[14] ».

Mais l'intérêt de la démarche de Fourastié est qu'il tente de quantifier ces pronostics. Il publie *Les 40 000 Heures*[15] en 1965, et attaque son ouvrage par une phrase qui frappe, si on se souvient qu'elle date d'il y a quarante-sept ans : « L'on pense communément que, dans un avenir assez proche, l'homme moyen des nations économiquement avancées pourra satisfaire ses besoins avec un travail professionnel d'une durée de trente heures par semaine », qui s'accompagnera « d'un bon nombre de semaines de vacances par an », soit : « On peut admettre que trente heures par semaine s'accordent avec quarante semaines de travail par an. Cela donne 30 × 40 = 1 200 heures de travail par an. » Et à peine plus de trente-trois années de travail, soit 40 000 heures par vie. La réduction de la durée du travail est une « option entre niveau de vie et genre de vie », entre lesquels il faut établir un compromis.

Fourastié se révèle donc très attentif aux modalités du cheminement qu'il entrevoit. Et il est sévère : « La revendication

13. *Le Grand Espoir du XXe siècle*, Gallimard, Paris, 1963, réédition collection « Idées », 1979.

14. *Ibid.*, p. 361-362.

15. *Les 40 000 Heures*, Denoël, collection « Médiations », Paris, 1965.

de la “loi de huit heures”, de la semaine anglaise, des “quarante heures” a été, et est encore la plus ancienne, la plus insidieuse, mais aussi la plus décisive faille du socialisme spartiate[16]. » Fourastié fait là une allusion sarcastique et fort péjorative à la maladresse de certaines revendications et surtout de certaines décisions de la gauche ; inefficaces parce que trop brutales, trop soudaines et insuffisamment soucieuses de la bonne allocation des gains de productivité pour financer les pertes de salaires.

L'économiste se livre à un petit calcul qui a valeur de programme : la réduction de deux heures hebdomadaires du temps de travail correspond à une année de gain de productivité. Il faudra, si l'on s'y met dès 1965, trente ans pour passer aux 40 000 heures de travail par vie. Mais, en 1995 – soit à la date d'échéance fixée par Fourastié –, nous étions encore loin du compte.

La seule différence avec ce que nous vivons est qu'il prévoyait une poursuite de « ce progrès si extravagant » observable dans les vingt-cinq années qui précédaient, « sauf, évidemment, échéance de cataclysmes sidéraux imprévisibles ou de cataclysmes politiques et guerriers contre lesquels nous luttons[17] ».

C'est un troisième type de cataclysme qui nous est advenu : une crise économique de vingt ans qui a vu l'apparition du chômage massif et l'ébranlement de la société salariale, cependant que continuait à croître la richesse globale. Le diagnostic tombe : la réduction de la durée du travail était non seulement possible, mais elle était nécessaire. La situation actuelle est la conséquence de l'oubli de cette nécessité.

Plus tard, en 1978, Fourastié complète ses réflexions avec une notation surprenante. Il écrit en effet, dans *La Réalité*

---

16. *Ibid.*, p. 80.
17. *Ibid.*, p. 84.

économique[18] : « La qualité de la vie reprendra quelque peu priorité sur la quantité. Concurremment, la durée du travail pourra être progressivement mais sensiblement réduite. La semaine de 30 à 35 heures, l'instauration d'années sabbatiques, la proximité des 40 000 heures de travail par vie, paraissent devoir caractériser l'an 2000. […] De même que la revendication socialiste du pain gratuit a disparu du vocabulaire politique à partir du moment où il devenait facile de la satisfaire, de même la réduction de la durée du travail a déjà cessé d'être fortement revendiquée, parce que non seulement elle est possible, mais elle est inéluctable. Le problème majeur de l'emploi de l'homme moyen est déjà, non plus le surmenage dû au travail professionnel, mais le vide résultant du rationnement de ce travail[19]. »

Il est fondamental de noter que tous ces écrits, sauf ceux de Keynes en 1930, sont produits dans des situations de plein-emploi. Ce n'est en rien le chômage qui conduisait ces auteurs à décrire la réduction du temps de travail comme une probabilité et comme une nécessité. Le problème aujourd'hui pour nous, c'est que nous avons oublié : oublié de les écouter, ces esprits lucides qui nous disaient notre avenir. Et le résultat, c'est la crise dans laquelle nous vivons depuis vingt ans, avec son contingent de misère, de souffrance et d'injustice…

Nous avons oublié cette tendance séculaire à la réduction du temps de travail : nos problèmes dérivent en grande partie de cette amnésie, de cette incapacité à aider la société à s'adapter elle-même, à l'orienter vers des régulations nouvelles. Nous avons oublié d'être radicaux dans nos manières de penser.

18. *La Réalité économique. Vers la révision des idées dominantes en France*, Robert Laffont, Paris, 1978.

19. *Ibid.*, chapitre « Prospective », p. 340.

Nous sommes restés aveugles aux réalités, aux transformations qui se produisaient effectivement sous nos yeux. Il fallait imaginer une de ces mesures révolutionnaires, si simple en apparence, si complexe dans son élaboration, qui épouse les évolutions de la société et les oriente dans le bon sens. Nous avons oublié de voir le bon sens, le sens vers où emmener notre société, qui respecte les individus. Blum disait que seul le réformisme était révolutionnaire, car il laissait le temps aux esprits de s'habituer.

Nous avons plus que jamais besoin d'une réforme qui soit révolutionnaire en ce qu'elle révolutionne nos modes de vie, et surtout nos modes de pensée qui sont en retard sur l'évolution de la société, quand ils devraient l'aider à accoucher d'elle-même.

Les blocages psychologiques dans le débat

On peut constater qu'il y a un océan entre les perceptions actuelles à court terme de l'opinion publique française sur le problème et les convictions évidentes et fortes de nos meilleurs prévisionnistes sur le très long terme. Or il est clair que la perspective d'avenir d'une croissance lente n'est tolérable que si elle est accompagnée d'une forte réduction des inégalités aussi bien devant le revenu que devant l'emploi.

La réduction massive du chômage et de la précarité est une des conditions majeures de « supportabilité » politique de la mutation de société en train de se faire. Il est non moins clair que la réduction massive de la durée du travail en est une des conditions. Il faut donc repérer les blocages psychologiques qui interdisent aujourd'hui de reprendre une marche en avant sereine et progressive sur cette question.

Premier blocage, jamais aucun lien n'a été établi en France, au cours de tous ces débats, entre la durée annuelle du travail et la durée du travail dans la vie. Un des drames de ce pays est la cessation trop précoce de l'activité. Et donc le sous-emploi des seniors. Mais l'idée de mettre sur la table l'enjeu de négociation compensant une augmentation de la durée de la vie active par une diminution de la durée annuelle du travail n'a jamais été reconnue ni rendue publique. C'était pourtant l'enjeu majeur d'une négociation possible.

Deuxième blocage psychologique : il n'a jamais été possible de savoir ce que voulait dire la forte maxime choisie par l'actuel président de la République : « Travailler plus pour gagner plus. » Dans un pays où on travaille annuellement quelque trente-huit milliards d'heures (salariées) mais où subsistent quatre à cinq millions de demandeurs d'emploi, il est clair que la première urgence sociale est de retrouver quarante et un ou quarante-deux milliards d'heures de travail par an pour faire disparaître chômage et pauvreté et limiter autant que faire se peut la précarité. Donc « travailler plus pour gagner plus, tous ensemble », oui, d'accord, bien sûr. Mais l'application de ladite maxime a été souvent considérée comme d'ordre individuel. Et là, le raisonnement ne colle plus car la maxime devient : « Travailler plus pour gagner plus, pour chacun de ceux qui ont déjà du travail et peu importe ceux qui n'en ont pas. » L'intolérabilité de cette situation prend, je l'ai dit plus haut, une dimension budgétaire, sociale et politique. On frise donc l'impossible.

Troisième blocage psychologique : ce débat ignore totalement toute référence au fait que la somme des chômeurs, des précaires et des pauvres dépasse aujourd'hui largement le quart de la population française. Cette proportion est beaucoup trop grande pour qu'un tel oubli soit admissible.

Quatrième blocage psychologique : « la fin du travail » ? Sous ce titre, mon ami Jeremy Rifkin a publié, il y a quelques années, un important ouvrage traduit en français en 1996. D'aucuns ont pris ce titre pour un vœu, affectant de ne pas comprendre qu'il s'agissait d'un cri d'alarme. C'est à coup sûr Hannah Arendt qui a le mieux compris le sens de toute cette réflexion quand elle écrit, on l'a lu ci-dessus, qu'il ne peut rien arriver de plus terrible à l'humanité. Il s'agit au contraire de sécuriser davantage le travail, d'en préserver la nature en la rendant plus respectable, ce qui veut dire lutter davantage contre la précarité et le chômage.

Le guide de ma réflexion dans cette affaire pourrait être la phrase de Léon Blum qu'on vient de lire un peu plus haut : « Il n'y a pas de joie au travail s'il n'y a pas de joie de vivre. » Le fait que le quart de la population française soit aujourd'hui en situation de fragilisation totale devant le travail salarié et que cette proportion ait une très forte propension à croître dans les années qui viennent nous interdit l'immobilisme.

Relançons le débat sur la durée du travail

Il faut bien rouvrir le chantier. Dès lors, on peut retenir de ce dur passé quelques consignes évidentes qui doivent être tenues pour acquises avant l'ouverture de tout nouveau débat sur le sujet.

La première est qu'en aucun cas la loi ne doit servir à régler une affaire aussi complexe et aussi délicate et dont toute l'histoire des pays étrangers montre que son seul instrument de régulation ne peut être que la négociation. Il ne faut pas oublier cependant que la loi est aussi, en France, l'instrument formel de fixation des cotisations sociales. À ce seul usage, elle pourra resservir.

Deuxième consigne : le passif de notre histoire doit être apuré, ce qui revient à dire qu'avant toute nouvelle entreprise de modification même par la négociation il est prudent de laisser le marché du travail retrouver son équilibre. Il faut parvenir à une innocuité totale des dispositifs législatifs en vigueur. On n'est pas loin d'y être arrivé dans les faits. Mais pour que les rancœurs s'éteignent, il faut ici terminer le travail et faire de cette innocuité législative une certitude.

Troisième élément, il est impérieux de ne pas oublier que si la durée annuelle du travail et sa traduction en horaires hebdomadaires sont les variables principales du système, elles ne sont pas les seules et de loin. La réflexion doit aborder la durée du travail au cours de la vie, intégrer les processus de formation permanente, d'année sabbatique, d'emplois multiples et toutes les conduites sociales qui interfèrent avec le temps de travail et sa rémunération. Mais on n'échappera pas à la certitude que Keynes avait raison et que les sociétés à croissance lente ne seront, dans les décennies qui viennent, tenables qu'avec probablement des durées moyennes de travail passées en dessous de trente heures.

Autre détail, la détermination rigide d'une durée du travail fixée en heures qu'on se donne pour objectif avec le double espoir de l'atteindre en peu d'années et d'y trouver un équilibre de plein emploi durable est évidemment une absurdité. Dès le lendemain matin du jour où, par l'opération du Saint-Esprit, on aurait réussi à réaliser une durée effective de l'ordre de tant d'heures par semaine correspondant au plein emploi et le provoquant, il est évident qu'on ne saurait arrêter de ce fait les processus d'automatisation, d'amélioration de la productivité, d'incorporation de procédés techniques nouveaux et économiseurs de main-d'œuvre.

Lorsque, au début du gouvernement Jospin, une courte période de débat informel s'est engagée sur ce sujet, la CGT conçut une vraie peur : plus que toute autre centrale syndicale, elle craignait énormément la baisse du salaire horaire nominal même en faible proportion et combattit durement toute idée de réduction de la durée du travail qui ne soit pas associée à la préservation intégrale de la paie, ce qui est précisément impossible. Dans ces conditions, c'est elle qui a eu l'idée diabolique et victorieuse de fixer un objectif symbolique et sacré, celui de trente-cinq heures, présenté comme une concession aux préoccupations de l'air du temps et définie comme la limite absolue en dessous de laquelle on ne saurait aller. C'est ainsi qu'elle a largement contribué au blocage général sur le sujet. Elle oubliait, ce faisant – et ceux qui l'ont écoutée aussi – deux aspects majeurs du phénomène. Le premier est implicite dans ce que je viens de dire : ce n'est pas d'un point limite dont on a besoin mais au contraire d'un processus souple et continu permettant l'adaptation vers la baisse de la durée du travail au fur et à mesure que l'état des choses la rend nécessaire, chômage compris. Nul n'est en état de fixer une limite à cette évolution historique. Encore une fois, sur ce sujet l'intuition la plus vigoureuse demeure celle de Keynes.

L'autre oubli dans cette affaire concerne la vie des travailleurs. Dans l'organisation permanente de la vie d'un homme, d'une femme ou d'une famille, réduire d'un quart d'heure ou vingt minutes par jour l'horaire de travail n'a quasiment aucun intérêt. Le temps du déplacement ajouté au temps de travail lui-même dilue ce microavantage. Ce qui fait sens est le nombre de journées passées hors de chez soi. S'occuper des enfants, faire les innombrables démarches administratives de la vie moderne, se consacrer à un *hobby*, développer davantage les relations interpersonnelles amicales et festives, s'adonner à beaucoup plus d'activités culturelles et sportives rendent sensible la disparition d'un jour de travail dans la semaine et rend presque inutile le grappillage de quarts d'heure économisés. C'est une des raisons qui avaient conduit Pierre Larrouturou à privilégier l'espoir des trente-deux heures, c'est-à-dire des quatre jours, plutôt que des trente-cinq heures qui n'avaient pas cette signification. L'enjeu est devenu aujourd'hui celui de rendre à nouveau souhaitable ou « espérable » pour chaque individu ou chaque famille une diminution de la charge de travail dans la vie pour améliorer la qualité du reste de cette vie.

Cela étant, si la loi ne doit plus être l'instrument pour pousser à cette transformation, celui-ci ne peut être que la négociation. Il est clair qu'il y faut des incitations. Je continue à penser que la plus forte disponible peut prendre la forme de la tarification des cotisations sociales. Le prochain président de la République serait fort avisé de provoquer le débat et la recherche sur ce sujet. Une des premières formulations de cette idée était d'introduire dans la tarification des cotisations sociales le concept de « tranche » qui n'est jamais jusqu'ici connu que dans l'impôt sur le revenu. Il s'agit d'un seuil fiscal nécessaire au calcul de l'impôt, non communicable aux tiers et non susceptible de servir de support à quelque effet juridique que ce soit autre que le calcul de la somme due.

Dans une première approximation, l'idée de fixer une première tranche à trente-deux heures indépendamment de toute durée réelle accomplie, de diviser par quatre la charge des cotisations en dessous et de multiplier également par quatre la charge des cotisations au-dessus de cette durée aurait à peu près pour résultat que les entreprises qui ne changeraient pas leur durée du travail paieraient à peu près le même montant de cotisations sociales après le changement de tarification qu'avant. C'est ici qu'il faut affiner les décimales. Il faut laisser toute entreprise peu soucieuse d'entrer dans le dispositif libre de n'en rien faire en laissant pratiquement inchangée sa charge de cotisations sociales. Le calcul doit évidemment être précis pour obtenir de manière indiscutable ce résultat. En revanche, il est clair que toute entreprise passant de trente-six heures à trente-quatre heures fait, en économisant deux heures de cotisations sociales au tarif unitaire multiplié par quatre, une économie très considérable. Elle est largement suffisante pour permettre les quelques embauches compensatrices nécessaires puisque, à l'évidence, le fait qu'une entreprise entame à l'intérieur d'elle-même une négociation de ce type n'a rien de concomitant avec une baisse de son carnet de commande. Il lui faut donc maintenir, sinon augmenter, le volume total de travail dont elle a besoin. Et chacun comprend que les pertes de recettes représentées par les cotisations manquantes sont compensées, et peut-être au-delà, par les nouvelles cotisations des chômeurs réembauchés.

La plasticité d'un tel dispositif – et surtout son caractère facultatif – permettront sa lente digestion par le marché. Il peut sans doute y avoir d'autres outils et d'autres solutions. On aura compris que, pour moi, ce chapitre ne débouche sur aucune action immédiate. Il doit permettre de se préparer à la société à croissance faible vers laquelle nous avons l'espoir de nous orienter, une fois passée la période de tempêtes financières dans laquelle nous sommes à présent et qui est aujourd'hui la menace la plus pressante sur notre avenir économique proche.

CHAPITRE 9

Vers quelle société allons-nous ?

À l'évidence, les réflexions qui précèdent ne feront pas toutes l'unanimité. Des quantifications plus strictes ou des désaccords de principe maintiendront la réflexion. Ils susciteront même la contestation. Je crois pourtant que, à ces corrections plus ou moins marginales près, l'opinion publique n'est pas loin de donner son accord implicite à ces quelques constatations.

Elles se résument au fait que notre société, telle qu'elle fonctionne actuellement, est en fin de course et que l'humanité ne sortira de cette terrible mutation qu'à travers la lente construction d'une organisation sociale fort différente.

Il convient certainement de revenir sur l'inventaire des ressorts collectifs aujourd'hui brisés puis inventorier le malaise social indistinct mais profond qui en résulte pour s'interroger enfin sur les diverses formes d'émergence d'une société nouvelle.

Des ressorts sociaux brisés

Le premier ressort brisé est à l'évidence l'expression du bonheur privé sous la forme d'une accumulation de biens matériels. En termes stricts de bonheur et de joie de vivre, les limites d'une telle approche sont déjà perceptibles. Bien plus, chacun sait que sa pérennisation est impossible à cause de l'épuisement progressif de certaines ressources naturelles et des pollutions généralisées auxquelles elles donnent lieu. Elles prennent la forme aussi bien des effets collatéraux de la production que de l'immense gaspillage des objets finis eux-mêmes. Le plus souvent, ils sont construits comme jetables pour être plus vite renouvelés.

Le deuxième ressort social brisé aujourd'hui est fort proche du premier. C'est l'espoir d'une croissance rapide. C'est ici la rareté très prochaine de nos ressources énergétiques fossiles qui emporte l'interdiction. Les milieux de droite des pays développés rêvent tous d'une sortie de la crise actuelle par le retour à une croissance rapide. Il suffit des perspectives pétrolières et gazières tant en matière de volumes que surtout en matière de prix pour rendre cette perspective rapidement caduque.

Le troisième ressort social brisé l'est par conséquence des deux premiers. C'est l'impuissance de la concurrence ou de la compétition à nous sortir de nos difficultés par l'incitation. L'aggravation brutale de la compétition au cours des dernières décennies a porté sa marque sur la manière de vivre de nos contemporains. L'âpreté de la transaction a abouti, à peu près partout, à ce qu'elle remplace la relation et fasse, à l'occasion du commerce, disparaître le lien social.

Le quatrième ressort social brisé est identifiable et même inclus dans les précédents mais il convient de l'isoler. C'est le fait que la recherche de la fortune ne peut plus être un acte de contribution au fonctionnement du système. La raison, là, est simple. Pendant le premier siècle et demi de capitalisme, l'accès à la grande fortune était si rare qu'au fond il ne gênait pas grand monde tout en restant un puissant moteur d'initiative économique. Mais le système s'est étendu et développé à la toute fin du XXe siècle au point que non seulement l'accès à la fortune fut ouvert à un bien plus grand nombre de personnes mais qu'en plus l'espoir d'y parvenir devint une des caractéristiques « légitimantes » du système lui-même. C'est là qu'il est en train de craquer ne pouvant répondre à une demande quantitativement aussi lourde.

Telle est je crois la conclusion qu'on peut tirer de cette panne généralisée dans laquelle nous vivons et qu'on appelle « crise ».

Le malaise est social

Le cumul de la peur des crises financières, de l'incertitude générale sur l'avenir et de la déstabilisation d'un quart au moins de la population des pays développés devant le marché du travail produit un malaise social repéré et commenté. Il touche principalement la jeunesse déboussolée et sans espoir qui, de ce fait, est en rupture avec les générations précédentes. Une de ses traductions notables est l'augmentation de la violence civile. On est fondé à penser que ce qui est quantifiable n'est que l'aspect mineur de ce malaise social. Derrière ce qui se mesure, il est fait de perceptions plus profondes.

La première est l'iniquité. L'injustice criante et croissante dans la répartition de l'argent et de l'accès à un travail stable et digne est ressentie comme intolérable et suffit à conduire bien des gens, notamment bien des jeunes, vers la marginalité et la délinquance.

La deuxième est l'ennui. Il découle profondément du sentiment de l'inutilité. C'est bien sûr le premier ressentiment des chômeurs et des précaires. Mais c'est peut-être plus encore celui des travailleurs stables : la finalité de leur travail s'estompe à leurs propres yeux.

Le troisième est la solitude, produit fatal d'une société trop mobile et trop rapide où les liens sociaux et d'abord privés disparaissent devant l'urgence du marché. La découverte récente par les instituts de sondage de la solitude comme problème social de premier rang vaut confirmation. L'homme n'est pas doué pour l'épanouissement en solitaire. Notre espèce est faite pour la vie en société, laquelle disparaît ou s'attiédit quand la transaction remplace, dans l'essentiel des actes de la vie courante, toute relation.

Il est une quatrième dimension de ce malaise social dont je ne saurais dire si elle rassemble seulement les quatre premières ou si elle les déborde largement. C'est la disparition de l'éthique. L'injustice en relève naturellement. Mais c'est beaucoup plus largement que nos contemporains ressentent la vie moderne comme dépourvue de toute aspiration collective de l'ordre éthique et même comme dépourvue d'un respect minimal de ses principes dans la quotidienneté de la vie privée.

En d'autres termes, on ne saurait traiter de la désorganisation économique présente de notre capitalisme sous l'angle uniquement économique. C'est le lien social, dans toutes ses dimensions, qui est affecté, détérioré et ici ou là en voie de disparition.

Le malaise est social.

J'en vois un signe complètement différent dans un tout autre aspect de notre vie collective : la fête a disparu. On ne chante plus. Le maire que j'étais a dû inaugurer quinze ou seize fois le bal du 14 Juillet dans sa commune. J'ai été frappé et meurtri de découvrir que chaque fois qu'il fallait entonner la *Marseillaise*, on la chantait faux. En tout cas, la chanson a disparu de nos relations collectives sauf à aller passer une soirée à l'Olympia. Il suffit seulement d'un voyage en Afrique, à condition d'y sortir des très grandes villes, pour retrouver des peuples sans doute plus malheureux que nous dans nos critères quantifiables mais ayant gardé le sens du chant, de la danse et de la fête jusqu'à donner l'impression de vivre du bonheur.

Je crains fort qu'il n'y ait pas de reconstitution économique possible d'une viabilité et d'une pérennité d'une civilisation occidentale si elle ne redonne pas, d'une manière ou d'une autre, du bonheur de vivre à ses concitoyens. Mais de toute façon, d'innombrables expériences contemporaines sont annonciatrices de cette recherche d'un lien social nouveau à travers notamment l'éthique et l'utilité collective.

L'ONU d'aujourd'hui l'a bien découvert qui, dans son fonctionnement quotidien, ne rencontre guère les syndicats ou les partis, à peine les gouvernements (sauf au sommet) et travaille constamment avec des bénévoles. C'est aujourd'hui l'immense réseau des organisations non gouvernementales (ONG) qui assure dans le monde la surveillance de la délinquance publique, de la corruption, la protection de la biodiversité, la défense des milieux naturels et les formes élémentaires de l'aide alimentaire ou sanitaire aux peuples les plus démunis ou victimes de catastrophes.

Parmi les centaines de bénévoles que j'ai rencontrées, je n'ai trouvé que des hommes et des femmes fiers de leur vie, forts d'une densité de relations sociales extrême et au fond heureux d'un choix de vie qui excluait résolument tout accès à la fortune.

Les cinq plus beaux moments d'une vie

Il m'est au demeurant arrivé, fréquemment, comme orateur socialiste en meeting abordant la question du malaise social de me livrer à l'expérience suivante : « Je suis en train de vous parler mais je vais faire une pause et m'arrêter trois minutes, le temps de vous donner à vous, mes chers auditeurs, l'occasion de vous remémorer en silence les cinq plus beaux moments de votre vie. » Puis je m'arrête. Les minutes sont longues et douloureuses dans un silence d'assemblée.

Je reprenais assez vite : « Je ne vous ferai pas l'injure de procéder au référendum et de vous demander de lever la main. Je prends le pari tout de même. Dans les cinq plus beaux moments de votre vie, il y a un (ou des) coup(s) de foudre amoureux, la naissance d'un enfant, une belle performance artistique ou professionnelle, un exploit sportif, un voyage magnifique, enfin, n'importe quoi mais jamais une satisfaction liée à l'argent. » Le plus souvent cette tirade est suivie d'un long silence puis d'une salve d'applaudissements, mais jamais de démenti !

Et moi de repartir sur le socialisme et l'art de vivre, y compris celui de faire la fête.

Le réseau des échanges de savoirs

J'aimerais citer des expériences d'une tout autre nature. Au voisinage d'Orly, voici peut-être une vingtaine d'années, des militants associatifs naturellement bénévoles s'occupant de l'insertion des personnes et notamment des jeunes exclus a fait une découverte et créé une pratique. C'est celle du réseau des échanges de savoirs. La découverte est que, même marginalisé et isolé, tout individu a quelque savoir. Échanger ses savoirs devenait une recette d'organisation de la vie sociale. D'assez nombreuses femmes maghrébines se sont vu ainsi offrir des cours d'alphabétisation et d'apprentissage du français en échange d'une initiation à l'art de préparer le couscous.

On découvrit un jour, dans ce réseau, une femme particulièrement malheureuse à cause de la mauvaise tournure que prenait le comportement de son fils aîné. Non seulement cet adolescent ratait tout en matière scolaire mais en outre il était un fléau dans les classes où il passait. Professeurs et principaux de collège jugèrent nécessaire de s'en débarrasser. La délinquance était en vue et s'amorçait par des actes mineurs.

Tout cela jusqu'au jour où on s'aperçut que le jeune en question avait une stupéfiante maîtrise de l'art du patin à roulettes et du *skateboard*. Il lui fut proposé d'initier une bonne partie des jeunes du canton à ce talent en échange d'heures de soutien scolaire. Il y retrouva fierté de lui-même et sens de son utilité sociale. Comme il n'était pas sot, dès l'année suivante, les résultats scolaires suivirent. La redécouverte étrange à bien des égards d'un lien social puissant à travers le *skateboard* avait redonné un sens à sa vie. Naturellement ce réseau était totalement bénévole et il vécut longtemps sans le moindre subside municipal.

Monnaies locales, monnaies complémentaires

Il me faut ici faire allusion à une tout autre suggestion plus surprenante et de plus grande ampleur mais que je crois dotée aussi d'un grand potentiel. Bien au-delà d'un réseau aussi constitué que celui des échanges de savoirs, l'échange de services est un élément de base de la vie collective et pas seulement dans les quartiers défavorisés : « Tu es peintre. Donne-moi trois heures de ton temps pour repeindre ma salle de bains et moi, qui suis électricien, je te referai ton installation électrique. » La comptabilisation de tels échanges de services a produit en de multiples endroits un système d'enregistrement des heures échangées avec un quasi-contrôle de l'équité dans ces échanges. En fait, on a créé une monnaie locale appelée « sel » ou « sol ». Elle vivifie la vie collective là où l'argent, dans sa définition nationale ne suffit pas à organiser de tels échanges.

Il existe en Suisse une très étrange coopérative née en 1934 avec l'intention de faciliter et d'intensifier les contacts et les transactions entre petites et moyennes entreprises. Elle a émis une monnaie de compte, le WIR, qui est l'équivalent d'un franc suisse. En soixante-dix ans, le volume des WIR en circulation a atteint un milliard sept cents millions, ce qui est réduit mais non négligeable. Assez récemment, un expert financier américain a pu démontrer que le WIR contribue significativement à la notoire stabilité économique suisse. Il survit, sans plus, quand l'économie helvétique est en croissance nette. Mais il prospère et se développe quand l'économie nationale ou globale stagne ou régresse. Cela lui confère une fonction de refuge incontestable. Bien loin de concurrencer la Banque centrale, il renforce spontanément son travail.

Les expériences sont innombrables et fréquemment très concluantes. Le Belge Bernard Lietaer, ancien directeur de la Banque centrale de Belgique, en a fait une étude plus générale[1]. Il résulte notamment de ces travaux que l'unicité d'un système monétaire n'a pas grand-chose à voir avec les néces-

1. Bernard Lietaer et Margrit Kennedy, *Monnaies régionales. De nouvelles voies vers une prospérité durable*, Éditions Charles Léopold Mayer, Paris, 2008.

sités de l'économie. L'essentiel de l'ancien régime français a connu pendant des siècles une pluralité de monnaies, celles du roi ayant du mal à concurrencer et remplacer celle des grands féodaux ou celles des abbayes. L'unicité de la monnaie a beaucoup plus à voir avec la volonté politique de centralisation et de contrôle qui caractérise les États modernes. En fait, une monnaie complémentaire est une monnaie permettant de faire la jonction entre un besoin non satisfait dans la monnaie officielle – chez nous en euros – et une ressource sous-utilisée. On comprend qu'il y a là une énorme possibilité de valoriser des savoir-faire ou des ressources locales.

Les compagnies aériennes, à travers la comptabilité particulière des *miles* de fidélité, dont l'accumulation compte maintenant en centaine de milliards de kilomètres, ont démontré que l'existence d'une monnaie ciblée, partielle ou particulière n'est en rien contradictoire avec l'équilibre général. C'est la raison pour laquelle le gouvernement fédéral d'Allemagne, il y a peu d'années, a voté une loi autorisant l'expérimentation par les *Länder* de ce type de dispositif. Il y a là l'un des outils possibles de reconstitution simultanée du lien social en même temps que d'activités économiques productrices.

Le temps de vivre

Mais il faut aller plus loin.

Qu'il s'agisse d'améliorer le soutien scolaire familial, d'effectuer plus au calme les innombrables démarches administratives de la vie moderne, d'enrichir sa culture, d'entreprendre une pratique sportive ou artistique ou encore de cultiver un *hobby*, des cultures de *bonsaï* aux collections les plus diverses, il faut du temps.

Il me trotte dans la tête un beau souvenir. Je ne peux ni le dater ni le prouver. Je ne peux compter que sur la confiance du lecteur pour me croire. En 1967, en France, éclata une grande crise de méventes en même temps que de gestion dans la sidérurgie française. Des soutiens publics considérables furent avancés. Bon nombre d'entreprises, notamment dans le bassin mosellan, passèrent, pour survivre, d'une durée de travail d'une quarantaine à une trentaine d'heures. Ce fut l'objet de très âpres négociations. Presque partout, syndicats et ouvriers n'acceptèrent de s'y résoudre que face au chantage : « C'est ça ou la fermeture », leur dit-on.

Quelque dix ans après, le journal *Libération* fit une longue enquête dans les usines et les localités en question que traduisirent deux grandes pages du journal. Il devait y avoir une douzaine de syndicalistes interrogés. Tous sauf un, si ma mémoire est exacte, avaient refusé de voter la réduction énorme du temps de travail et la diminution corrélative de la paie. Presque tous avaient retrouvé une occupation de leur temps devenu plus libre.

L'un d'entre eux, ancien ajusteur, s'était fait rénovateur des monuments publics locaux. Un autre s'était fait animateur de l'association des sentiers de grande randonnée et défrichait les sentiers, établissait la signalétique et publiait les guides de tourisme pour les randonnées dans sa région. Un troisième s'était fait collectionneur. Tous, en tout cas, se disaient heureux de ce nouvel équilibre d'existence. Aucun n'acceptait l'idée d'un retour à l'horaire antérieur même au cas de conjoncture améliorée. Et puis bien sûr de grandes tâches nationales comme l'alphabétisation des immigrés ou souvent l'animation du développement local ne peuvent compter que sur le temps d'animateurs bénévoles.

Le sport et la culture

En outre et pour finir, il faut se poser le problème de l'évolution de deux grands pans de l'activité collective : le sport et la culture.

Dans le cas du sport, où l'engouement collectif est majeur, notre société capitaliste contemporaine a réussi à développer un appétit contemplatif qui fait tourner énormément d'argent autour du spectacle sportif et en appauvrit d'autant la dotation générale de tous nos quartiers et de tous nos espaces en équipements élémentaires permettant à la totalité des résidents de France une pratique sportive à coût faible ou nul.

Il en va tout à fait de même de la culture. Les infatigables Jeunesses musicales de France ont finalement été asphyxiées. Les concerts sont affaire de luxe et de grandes collectivités. La pratique est de plus en plus oubliée. L'enseignement artistique, musical ou plastique, a déserté nos écoles. Retrouver cette pratique serait un apport immense au plaisir de vivre collectif.

Bonheur et durée du travail

J'ai, dans ce court chapitre, voulu rester délibérément pratique. Le vrai cœur de ce sujet est d'ordre philosophique. Il a été abordé de manière majeure par Herbert Marcuse, Ivan Illich et André Gorz. Leurs réflexions vont au fond. Mais il leur reste un caractère ardu. L'urgence politique dans la France d'aujourd'hui me paraît au contraire de rendre tout cela perceptible à nos concitoyens. Et de les convaincre tous, pas seulement les plus aisés, que le bonheur de vivre est loin de dépendre uniquement de satisfactions matérielles et que la société nouvelle vers laquelle nous allons, bien loin d'être à craindre, pourrait être à souhaiter. Surtout, il faudra savoir s'y préparer lentement.

De là découle l'importance de retrouver une certaine sérénité pour débattre de la durée du travail. C'est le cœur de la question. L'importance aussi de savoir que la société n'arrivera à aller dans ce sens (moindre appétit pour l'argent, pour les biens matériels, pour une croissance brutalement compétitive et aussi forte que possible) qu'à la condition de le choisir et le vouloir. C'est à quoi peut servir l'évocation des pistes mentionnées ci-dessus. Il est essentiel de leur donner vie.

Les instruments de mesure

L'énoncé du projet d'une société moins marchande, moins soumise à la compétition, croissant moins vite et organisée autour de plus de temps libre surprendra naturellement beaucoup, même s'il correspond largement à l'entraînement fatal des évolutions commencées. Il rencontrera, bien entendu, des hostilités avant que ne devienne convaincant l'espoir d'une bien meilleure qualité de vie qu'il comporte. L'information et le débat public à ce sujet prendront donc une immense importance.

Un dernier problème surgit ici. C'est celui de nos instruments de mesure. L'actuelle compétition entre les nations est surtout dominée par la confrontation des rythmes de croissance respectifs du produit intérieur brut (PIB). Cet agrégat, mis au point par les économistes il y a plus d'un demi-siècle, a rendu d'immenses services. Il est la somme de toutes les richesses produites sur un territoire déterminé, déduction faite des investissements et des achats nécessaires à leur création. Son élaboration n'a rien de facile. Mais tel qu'il est, il a guidé les systèmes de décision dans le capitalisme contemporain depuis des décennies. Et il est à la fois l'emblème et l'instrument de mesure grâce auquel tous nos concitoyens jugent les performances nationales.

Or il est lourd de caractéristiques particulières que la crise actuelle rend perceptibles, notamment dans leur dimension écologique. Le PIB ne comptabilise qu'un flux de ressources nouvelles. Il ne comporte aucune mesure de capital. C'est ainsi qu'un accident de voiture ne produit pas la disparition d'un véhicule, aucune diminution du PIB, mais que la réparation ou le remplacement du véhicule par un neuf apparaissent en ressources nouvelles.

Le PIB ne tient pas davantage compte des ressources naturelles et de leurs limites. Elles sont présupposées illimitées. Si, par quelque miracle, nos politiques de prévention médicale devenaient tout d'un coup totalement efficaces, le volume d'activité de la médecine et de la chirurgie se trouverait amputé de 10 à 20 %. Par conséquent le PIB serait diminué de la part correspondante.

Plus grave encore, le PIB, inclut sur estimation plus que sur certitude, toute l'activité financière de la criminalité et de la prostitution en même temps que celle des fabrications d'armement. En revanche, il ignore totalement le chômage, la délinquance et les multiples dégâts sociaux liés à la croissance. Ces imperfections sont majeures et entravent notre jugement. L'opinion publique ne peut comprendre la mutation de société en cours qu'à la condition de disposer d'instruments de mesure à sa portée et qui portent sur notre société un regard plus juste. Le président Sarkozy a, voici deux ans, passé commande à trois grands économistes internationaux reconnus, Amartya Sen, Joseph Stiglitz, tous deux prix Nobel, et Jean-Paul Fitoussi, d'un rapport à ce sujet qui devait comporter quelques suggestions méthodologiques nouvelles. Je crois de première importance d'accélérer les suites de ces travaux. Déjà, les Nations unies, à travers l'agence du Programme des Nations unies pour le développement (PNUD), ont mis au point depuis deux décennies un Indice de développement humain (IDH) qui ne répond pas à toute la question mais cherche tout de même à explorer la qualité de vie des citoyens des différents pays du monde entier à travers des mesures comme celles de l'accès à l'eau potable, de l'alphabétisation ou celle de l'accès à des soins de santé minimaux. Il est déjà frappant de voir qu'en matière de climatologie comme en matière de mesure de la condition humaine, ce sont les petites Nations unies, pourtant bien au-dessous de leur tâche et bien méprisées dans le chaos mondial présent, qui ont jeté les bases d'une révolution conceptuelle dans les instruments de mesure. C'est une condition de compréhension des problèmes d'aujourd'hui. Déjà les travaux du GIEC représentent un succès scientifique considérable. La notoriété de l'Indice du développement humain (IDH) n'est pas encore aussi forte. Au moins la piste de recherche est-elle lancée et déjà fructueuse.

Un pays de la taille et de la culture de la France a l'impérieux devoir de donner suite à ces recherches chez lui. Non seulement ce sera une contribution à des travaux mondiaux. Mais en outre il en a besoin s'il entend s'afficher comme défricheur de ces voies nouvelles.

CONCLUSION

Remettre la France debout

Ce livre sortira à l'orée d'une campagne présidentielle. Il est assez étranger à ce qui s'y dit d'ordinaire.

La France aurait sans doute plaisir à retrouver ses jeux favoris : la dispute sur les prévisions économiques pour l'an prochain ainsi que la compétition entre les plus ingénieux projets de réforme de nos institutions financières, éducatives et sociales.

Or, si la France subit bien des blocages sérieux de sa machine administrative, elle ne connaît pas de menace vitale interne. Les vraies menaces sont très graves, et elles viennent toutes du monde extérieur.

Pour le moyen et le long terme, on l'a vu, le passage du pic pétrolier puis du pic gazier dans moins de dix ans annonce la réduction inéluctable de quantités d'énergies d'origine fossile disponibles cependant que l'effet de serre, la pollution par les déchets et la nouvelle rareté de certaines ressources nous contraignent à nous préparer à une société beaucoup moins énergivore et plus centrée sur des produits durables, recyclables, biodégradables et réparables ainsi que sur une alimentation largement moins carnée. En quelques décennies, c'est déjà terrible, et d'autant plus difficile à mettre en œuvre que le diagnostic est loin d'être unanimement partagé.

Mais le danger le plus redoutable est, à court terme, un flot déraisonnable – entre cinquante et deux cents trillions de dollars – de liquidités internationales. Elles sont repliées, pour près de la moitié, dans des paradis fiscaux. Elles échappent donc à toute incitation publique ou fiscale en matière de sécurité, et sont à l'affût de toute spéculation lucrative qui s'offre. C'est l'annonce assurée de l'explosion de multiples bulles financières possibles, dans les nombreux marchés de produits dérivés déconnectés de toute économie réelle, comme dans des marchés réels en proie à la spéculation.

Dans l'économie réelle, la plus grosse bulle en formation visible sous nos yeux est celle de l'immobilier chinois. Les autorités de ce pays ont reconnu comme prévisible une baisse des prix de 50 % dans l'année qui vient. Combien de faillites, combien de ruines, combien de chômeurs cela implique-t-il ? On ne sait. Des dizaines de millions de personnes seront concernées.

Au milieu de ces menaces, l'euro, dont les « fondamentaux économiques » demeurent bien meilleurs que ceux des États-Unis, du Royaume-Uni et du Japon, connaît une « sous-crise » inutile, celle des dettes souveraines. Elle n'a rien à voir avec une faiblesse globale de la zone. Elle ne s'explique que parce que des soucis de préservation des souverainetés nationales empêchent l'euro d'être géré comme une monnaie unique souveraine garantissant la solidarité entre tous ses États membres, comme c'est le cas de toute autre monnaie.

Le dur labeur des gouvernants européens, non achevé et d'ailleurs difficile à terminer par un nouveau traité, semble tout de même avoir découragé, ou au moins retardé, l'explosion d'une crise de l'euro du fait des dettes souveraines.

L'euro a une chance un peu meilleure qu'au dernier trimestre 2011 de n'être pas le détonateur d'une crise générale. Il en est malheureusement d'autres possibles. Car la menace est surtout liée aux déséquilibres dans la finance privée. Pour la dette totale (entreprises, ménages et administrations publiques), les États-Unis, le Japon et le Royaume-Uni sont beaucoup plus endettés que l'Europe. Ce sont ces pyramides de crédits qui peuvent s'effondrer, les liquidités spéculatives étant un produit de l'endettement.

On pourrait m'accuser d'un pessimisme excessif, mais il faut mesurer le poids de phrases récemment prononcées par des autorités devant à leurs fonctions une extrême réserve. Lorsque le gouverneur de la Banque d'Angleterre, Mervyn King, s'attend à une récession « plus grave que celle de 1930 », ou que le président français de l'Autorité des marchés financiers (AMF), Jean-Pierre Jouyet, explique que nous risquons « un effondrement de l'ensemble du système économique mondial », cela donne à penser.

Déjà le PIB de l'Inde est en récession de 5 % par rapport à l'automne 2010. Déjà le Brésil est en stagnation depuis quatre mois. J'évoquais la Chine à l'instant. Le Royaume-Uni vient de réviser à la baisse ses prévisions de croissance pour 2012 à un niveau inférieur à 1 %. Le chômage a repris sa progression un peu partout, notamment en France.

Le pronostic est clair : nous entrons dès maintenant en récession mondiale. Pour peu que les soubresauts des marchés financiers aiguillonnent l'opinion au milieu de tout cela, toute l'atmosphère de la campagne changera.

Au capitaine commandant un navire dans la tempête, on ne demande pas son programme d'entretien du bateau.

Ce que l'on voudra savoir, c'est s'il mesure la tempête, s'il voit comment éviter les récifs et quelles sont ses priorités intangibles dans la préservation des capacités opérationnelles du navire.

C'est un peu de cela qu'il s'agit. Quelles sont d'abord les mesures financières susceptibles de nous protéger ou de limiter les dégâts si éclate un krach boursier grave ? J'en ai évoqué plusieurs aux chapitres 4 et 5.

Ensuite, le problème majeur sera de préserver le cap, c'est-à-dire de choisir, dès la période de difficultés financières, les mesures les mieux adaptées à en préparer la sortie. Le défi est de retrouver la stabilité et l'harmonie sociales dans une société en train de s'adapter aux conditions nouvelles de moindre croissance et de préservation de notre niche écologique.

On ne sait guère par quoi on pourra commencer. Dès lors, l'autorité de commandement ne peut avoir d'autre fondement que la cohérence étroite et ressentie entre les principes intangibles, les visions sectorielles de l'avenir et les outils, les armes ou les forces disponibles.

C'est ici que s'articulent les uns avec les autres la politique financière, la politique énergétique – clé centrale de toute l'affaire –, l'art de mener les réformes de manière plus apaisée, et, bien sûr, l'évolution du marché du travail et notamment de sa durée.

Ce qu'on appelle un projet de société est une imbrication de toutes ces visions. Seule leur cohérence peut être convaincante et rallier l'opinion.

Ce livre est né, au fond, d'une inquiétude. Il aura rempli sa fonction si le souci du long terme est préservé dans un débat politique où l'agitation du court terme risque fort d'être aggravée par l'événement immédiat.

Car la France est très clairement menacée, comme toute l'Europe, par la crise qui s'annonce proche.

Elle est aussi le pays d'Europe qui a la plus vaste diversité d'atouts pour s'en sortir profondément rénovée.

Table

DES MÊMES AUTEURS
CHEZ ODILE JACOB

MICHEL ROCARD :

Mes idées pour demain, 2000.
Éliminer les armes nucléaires,
en collaboration avec la Commission Canberra, 1997.
Le Cœur à l'ouvrage, 1987.

FRANÇOIS HOLLANDE :

L'Heure des choix,
en collaboration avec Pierre Moscovici, 1991.

CET OUVRAGE A ÉTÉ TRANSCODÉ
ET MIS EN PAGES CHEZ NORD COMPO (VILLENEUVE-D'ASCQ)
ET ACHEVÉ D'IMPRIMER SUR ROTO-PAGE
PAR L'IMPRIMERIE FLOCH À MAYENNE
EN FÉVRIER 2012

N° d'impression : 81687
N° d'édition : 7381-2757-X
Dépôt légal : février 2012
Imprimé en France